Dich loben, dir danken ...

1300 Jahre
Mission und Martyrium
der Frankenapostel
Kilian, Kolonat und Totnan

Wolfgang Bullin
Franz-Ludwig Ganz (Hrsg.)

Dich loben, dir danken...

1300 Jahre
Mission und Martyrium
der Frankenapostel
Kilian, Kolonat und Totnan

Das Buch der Diözese Würzburg
zum Jubiläumsjahr

echter

CIP-Titelaufnahme der Deutschen Bibliothek

Dich loben, dir danken ... / 1300 Jahre Mission und Martyrium der Frankenapostel
Kilian, Kolonat und Totnan / Das Buch zum Jubiläumsjahr der Diözese Würzburg;
hrsg. von Wolfgang Bullin und Franz-Ludwig Ganz im Auftrag der Diözese Würzburg. –
Würzburg: Echter 1990
ISBN 3-429-01337-2
NE: Bullin, Wolfgang und Ganz, Franz-Ludwig [Hrsg.]; Diözese ⟨Würzburg⟩

Gestaltung des Innenteils: Franz-Ludwig Ganz
Umschlaggestaltung: Wolfgang Bullin und Franz-Ludwig Ganz
Gesamtherstellung: Echter Würzburg
Fränkische Gesellschaftsdruckerei und Verlag GmbH
ISBN 3-429-01337-2

Dich loben, dir danken...

1300 Jahre Mission und Martyrium der Frankenapostel Kilian, Kolonat und Totnan

Vor über 1300 Jahren kam der irische Wandermönch Kilian mit seinen Gefährten Kolonat und Totnan nach Würzburg und erlitt hier 989 den Märtyrertod. 1989 beging die Diözese Würzburg nach Jahren intensiver Vorbereitung das Festjahr »1300 Jahre Mission und Martyrium der Frankenapostel«.

»Dich loben, dir danken, deine Kinder in Franken...« Wie oft wurde dieses alte Kilianslied gerade im Jubiläumsjahr gesungen. Was liegt näher, als auch das Buch zum Festjahr so zu überschreiben.

Der eher historische erste Teil des Bandes will keine erschöpfende Gesamtschau auf 1300 Jahre Kilianstradition bieten, sondern an Einzelaspekten und -themen deutlich machen, wie sehr die Erinnerung an die drei irischen Missionare, von den ersten Anfängen ihrer Verehrung bis heute, Glauben und Leben im Bistum Würzburg geprägt hat: Streiflichter aus der Geschichte des Bistums Würzburg berücksichtigen die religiöse Dimension der Kiliansverehrung ebenso wie Entwicklungen im säkularen Bereich, die ihre Wurzeln im religiösen Leben haben.

Das Jubiläumsjahr 1989 steht im Mittelpunkt des zweiten Teils. Neben der Dokumentation der Ereignisse und Veranstaltungen in Wort und Bild wird in diesem Abschnitt die geistliche Dimension des Jubiläums für die Diözese Würzburg deutlich.

Der dritte Teil des Buches richtet den Blick über die Grenzen der Diözese hinaus. Zum einen geht es darin um Irland, die Heimat Kilians und seiner Gefährten, und um die Beziehungen zwischen dem Bistum Würzburg und der irischen Kirche. Zum anderen wird das missionarische Engagement der Diözese Würzburg in aller Welt dargestellt: in Fortsetzung des Wirkens der drei irischen Wandermönche und im Sinne des von Bischof Paul-Werner Scheele für das Jubiläumsjahr gewählten Mottos: »Miteinander missionieren«.

Am Schluß dieses Vorworts ist sicher auch ein Wort des Dankes angebracht, des Dankes an alle, die zum Entstehen dieses Buches beigetragen haben, in erster Linie natürlich an die Verfasser der Beiträge. Ein Großteil der in diesem Buch veröffentlichten Beiträge stammt aus der Beilage »1300« des Würzburger Katholischen Sonntagsblattes, mit der die Bistumszeitung die Vorbereitung des Jubiläumsjahres und die Feier des Jubiläums selbst publizistisch begleitet hat. Unser besonderer Dank gilt deshalb dem Chefredakteur des Würzburger Katholischen Sonntagsblattes, Dr. Winfried Jestaedt, der diese Beilage redaktionell verantwortet und gestaltet und damit ein gewaltiges Stück Vorarbeit für dieses Buch geleistet hat.

Würzburg, Kiliani 1990

Wolfgang Bullin Franz-Ludwig Ganz

Ausgabe 16 3. Juli 1988

«»1300«»

1300 Jahre Mission und Martyrium der Frankenapostel

Wilhelm Heinz

„Wir verkünden Christus den Gekreuzigten" (1 Kor 1,23)

Reliquienprozession durch die Diözese zur Vorbereitung des Kiliansjubiläums 1989

Die Idee

enstand bei einer Begegnung unseres Bischofs mit den Männern und Frauen der Katholischen Landvolkbewegung. Die ersten Überlegungen zur Feier der Missionierung des fränkischen Landes vor 1300 Jahren wurden dargelegt. Die Bedeutung der jährlichen Kiliani-Wallfahrtswoche wurde diskutiert. Unvermittelt kam der Vorschlag: die fränkischen Glaubenszeugen können einmal die Diözese durchwandern. „Wir kommen immer nach Würzburg, es wäre doch ein Erlebnis, wenn die Frankenapostel zu uns kämen." Die Idee wurde weitergesponnen: „Wir haben doch viele Kilianskirchen und -pfarreien: nach Würzburg kann immer nur ein kleiner Teil der Gläubigen pilgern; in den Dekanaten und Gemeinden sollten Kilian, Kolonat und Totnan heute wieder missionieren."

Erinnerungen wurden wach: Nach der Zerstörung Würzburgs 1945 fanden die Kiliansreliquien in der Pfarrkirche zu Gerolzhofen Zuflucht. Im Trimphzug durch die fränkischen Dörfer kehrten die drei Häupter der Frankenapostel nach Würzburg ins Neumünster zurück. Es war ein erster Höhepunkt im Wirken des jungen Bischofs Julius Döpfner und ein Zeugnis für den Willen zum Wiederaufbau des „Grabes am Main", wie Würzburg damals genannt wurde. Die Dekanenkonferenz und der Diözesanrat der Katholiken des Bistums nahmen die Idee auf. Nun sind wir alle eingeladen, die auch heute gültige Botschaft der Frankenapostel zu hören, aufzunehmen und weiterzutragen.

Vom heiligen Berg der Franken aus, dem Kreuzberg in der Rhön, beginnt am 17. Juli 1988 die Reliquienprozession zu Ehren der Frankenapostel durch unser Bistum. *Foto: Hans Heer*

Das Motto

des Pilgerweges lautet: „Wir verkündigen Christus den Gekreuzigten" (1 Kor 1,23). Der Apostel Paulus verdeutlicht die Situation der jungen Kirche im Brief an die Korinther. Diese Situation bleibt gegeben in der Auseinandersetzung mit der Welt bis in unsere Zeit. „Vor dem Kreuz Christi scheidet sich die Menschheit in zwei Lager. Den einen gilt die Predigt von einem gekreuzigten Erlöser als Torheit, die anderen sehen im Kreuz die rettende Kraft Gottes" (Das N.T. – Pustet, Regensburg, Band 6, S. 122). Christus war der „Stein des Anstoßes" und „der Fels des Ärgernisses" (Röm 9,33), dafür stand und steht das Kreuz. Diese Botschaft künden die ersten Boten des Glaubens auch unseren Vorfahren, sie erfahren die Härte des Kreuzes und werden bis zur Hingabe ihres Lebens gefordert.

Der Apostel sagt mit Recht: „Christus, der Gekreuzigte, den Juden ein Ärgernis, den Heiden eine Torheit, den Berufenen aber, Juden wie Griechen, Christus, Gottes Kraft und Gottes Weisheit" (1 Kor 1,23.24).

Die Torheit des Kreuzes wird heute erfahren, mehr in der religiösen Gleichgültigkeit als in offenem Widerspruch, mehr in der Mißachtung der christlichen Lebensordnung als in einer äußeren Verfolgung. Die Begegnung mit den Glaubenszeugen der Erstverkündung der christlichen Botschaft in unserer Heimat stellt uns vor die Frage: Glauben wir an Jesus Christus, den Gekreuzigten, ist er uns Ärgernis, ist er uns gleichgültig, oder ist er uns Gottes Kraft? Wer diese Frage stellt, wird sich rasch lösen von vordergründigen Bedenken gegen die Verehrung der Heiligen und gegen unsere Reliquienprozession im Bistum.

Das Konzil sagt in der Liturgiekonstitution (SC 111): „Die Heiligen werden in der Kirche gemäß der Überlieferung verehrt, ihre echten Reliquien und ihre Bilder

Mit der Farbbeilage »1300« begleitete das Würzburger katholische Sonntagsblatt, die Kirchenzeitung der Diözese Würzburg, die 1300-Jahr-Feier der Mission und des Martyriums der Frankenapostel publizistisch. Zwischen dem 19. April 1987 und dem 19. November 1989 sind insgesamt 33 Ausgaben dieser Beilage mit einem Umfang von jeweils vier beziehungsweise acht Seiten erschienen. Die Abbildung zeigt die Titelseite der Ausgabe 16, vom 3. Juli 1988.

Inhaltsverzeichnis

Zum Geleit

Bischof Paul-Werner Scheele

Seitdem das Kilianslied mitten im Dreißigjährigen Krieg von Würzburg aus verbreitet wurde, ist es immer wieder gesungen worden. Besonders intensiv ist das in den letzten Jahren geschehen, die in das im besten Sinne des Wortes bewegende Jahr 1989 mündeten. Dabei ist immer wieder zum Ausdruck gekommen, was uns mit den Frankenaposteln verbindet, die vor 1300 Jahren das Martyrium erlitten haben.

Im Refrain: »Dich loben, dir danken deine Kinder in Franken« sprechen wir Kilian als *Vater im Glauben* an. Wir haben allen Grund, das zu tun. Die ältesten Lebensbeschreibungen Kilians bezeugen bereits seine besondere Vaterschaft. In der Todesstunde sagt er zu seinen Gefährten: »Meine geistlichen Söhne!« Er verbindet damit den Appell: »Geht mit mir in den geistlichen Kampf, ohne Furcht, ohne Zittern, gemäß dem Wort des Herrn: ›Fürchtet euch nicht vor denen, die den Leib töten, die Seele aber nicht töten können‹« (Passio minor 10). Wie der geistliche Kampf handfeste Realität ist, so ist es die geistliche Vaterschaft. Die Gefährten, die Kilian in der irischen Heimat gewonnen und für die radikale Christusnachfolge begeistert hat, verdanken ihm das neue Leben, das sie in einer neuen Gemeinschaft empfangen haben. Mehr noch tritt Kilians Vater-sein im Verhältnis zu Herzog Gozbert zutage. Ihm gelten die Worte: »Geliebter Sohn Gozbert, du bist jetzt Christ« (Passio minor 8). Indem Kilian dem Fürsten das Glaubensleben vermittelte, wurde er dessen Vater. Die jüngere Passio weiß zu berichten, daß Kilian seine Vaterpflicht im Sinne des Apostels wahrgenommen hat, der den Seinen schreiben kann: »Ich habe euch wie Kindern in Christus Milch als Trank gegeben.« Gozbert wiederum bekundet das Vater-Kind-Verhältnis mit den Worten: »Ich habe, Vater, deine Lehre gehört, daß der Herr Jesus naht, daß man nichts der Liebe vorziehen darf, nicht Vater, nicht Mutter, nicht Kinder, nicht die Gattin« (Passio maior 10f.).

Was Paulus den Korinthern ans Herz gelegt hat, kann Kilian Gozbert und dessen Gefolge und schließlich allen weiteren Generationen sagen, die mit dem Glaubenszeugnis das Glaubensleben aufgenommen und weitergegeben haben: »Hättet ihr auch ungezählte Erzieher in Christus, so doch nicht viele Väter. Denn in Christus Jesus bin ich durch das Evangelium euer Vater geworden. Darum ermahne ich euch: Haltet euch an mein Vorbild!« (1 Kor 4,15 f.). Der Formulierung »durch das Evangelium« entspricht die Liedstrophe, in der es heißt:

»Das Gotteswort hast ausgesät,
von ihm der Franken Heil ersteht.«

Nicht durch seine persönliche Vollkommenheit ist Kilian Vater im Glauben, sondern durch die *Weitergabe des Gotteswortes.* Es ist das Wort des Lebens, ohne das der Mensch zugrunde geht; es ist das Wort des ewigen Wortes, das Fleisch angenommen hat, um in unserer Mitte zu wohnen und zu wirken. Wer es aufnimmt, nimmt daher Christus auf und gewinnt so Anteil an dessen unsterblichem Leben. Nicht Kilian noch irgendein Heiliger, sondern Christus ist unser Heil. Deshalb verkünden auch die Frankenapostel nicht sich, sondern Christus. Sie tun es in aller Entschiedenheit. Sie sind bereit, ihr Zeugnis mit ihrem Blut zu besiegeln. Daß dies am Ende geschehen ist, verbindet sie nochmals tiefer mit uns. Das kommt in den beiden Strophen zur Sprache, die ihrem *Blutzeugnis* gewidmet sind:

»Er hat besprengt mit seinem Blut
den ausgestreuten Samen gut.
Sehr hat geliebt sein Frankenland,
sein Blut gab er zum Unterpfand.«

Für Christus vergießt Kilian sein Blut, für den Samen seines Wortes und für die Menschen, denen er es vermitteln wollte. So ist die Blutsverwandtschaft entstanden, die uns mit den Frankenaposteln verbindet. Die jüngere Passio versichert uns, daß dieses Band nicht reißt, daß es nicht durch den Tod, ja nicht einmal durch das Ende der Welt zerstört wird. Der unbekannte Autor nennt den Apostel der Franken in einem Atemzug mit den ersten Aposteln, die der Herr ausgesandt hat. Von ihnen sagt die Heilige Schrift, daß sie bei der Wiederkunft des Herrn und seinem letzten Gericht eine besondere Aufgabe wahrzunehmen haben. Entsprechend heißt es in der Passio: »Wenn dereinst der Herr zum Gericht kommt, wird Petrus die Juden und Andreas die Griechen mit sich bringen... Dann wird Kilian die deutschen Franken anführen.« Überzeugt davon, daß es dabei trotz der immensen Zahl der Betroffenen recht persönlich zugeht, schreibt der Hagiograph: »Wie groß wird die Freude des Vaters über seine Nachkommen und die der Nachkommen über ihren Vater sein, wenn alle Gefahren der Welt vorbei sind und nicht einmal eine Erinnerung an die Trübsal mehr übrigbleibt« (Passio maior 9).

So gilt es, vieles zu loben und für vieles zu danken, wenn wir uns an die Frankenapostel erinnern. Dabei kommt es darauf an, daß *Loben und Danken* sich nicht auf Gefühle, Gedanken und Worte beschränken; *Taten* sind gefordert. Die Lesung des Kiliansfestes ruft uns eindringlich dazu auf. Sie spricht von dem Gottesdienst und der Bruderliebe, von der Gastfreundschaft und vom Einsatz für Gefangene und Mißhandelte, vom Heilighalten der Ehe und von der Überwindung der Habgier. Zusammenfassend heißt es sodann: »Denkt an eure Vorsteher, die euch das Wort Gottes verkündet haben; schaut auf das Ende ihres Lebens, und ahmt ihren Glauben nach!« (Hebr 13,7)

In diesem Sinne haben wir uns im ganzen Bistum bemüht, in einem vierfachen Schritt Kilian und mit ihm dem Herrn zu folgen. *»Miteinander glauben«* lautet der erste Imperativ, den Kilian uns zuspricht. Zusammen mit seinen Gefährten hat er in fester Gemeinschaft im Glauben gelebt und ihn nach Kräften weitergegeben. Wie Paulus es aufgezeichnet und Kilian es vorgelebt hat, liegt alles daran, »den Glauben zu haben, der in der Liebe wirksam ist« (Gal 5,6). Der Herr will uns nicht nur seine Liebe, sondern sein Lieben schenken. Er will uns teilhaben lassen an der Seligkeit seiner Liebe, damit immer mehr Menschen von ihr erfaßt werden. Somit ergibt sich als zweite Gabe und Aufgabe das *»Miteinander helfen«*. Zu den besonderen Hilfen, die der Herr uns zugedacht hat, gehört das rechte Feiern. Es kann uns immer wieder neue Kraft schenken. Vor allem läßt es uns die Vorfreude auf die ewige Feier im Reich Gottes erleben. Was wir im Glauben und Lieben empfangen dürfen, ist so großartig, daß wir einhellig sagen sollten: »Das muß gefeiert werden!« Deshalb gehört das *»Miteinander feiern«* zu unseren wichtigsten Pflichten. Nehmen wir es im rechten Geist wahr, dann erweisen wir Gott unser Lob und unseren Dank, wir werden tiefer von seinem Segen erfaßt und können wirksamer ein Segen für die Welt sein. Je besser unsere Liturgie gefeiert wird, um so wirkungsvoller kann »die Liturgie nach der Liturgie« sein, der Einsatz im Alltag durch Christus in der Kraft des Heiligen Geistes zur Verherrlichung Gottes und zum Heil aller Mitmenschen.

Im Jubiläumsjahr 1989 stand die Missionsaufgabe im Mittelpunkt unserer Bemühungen. Sie ist eine Zusammenfassung des Glaubens, Helfens und Feierns, geht es doch darum, möglichst vielen von alldem mitzuteilen. Dem Missionsauftrag Jesu Christi gehorsam sind die Frankenapostel zu uns gekommen. Fortan ist

es an uns weiterzuführen, was sie begonnen haben. Nunmehr sind wir zum *»Miteinander missionieren«* da.

Unsagbar viel ist in den vergangenen Jahren im Blick auf die eben genannten Aufgaben geschehen. Einiges davon ist auf den folgenden Seiten festgehalten. Es kann eine kostbare Erinnerung an die uns gemeinsam gegebene und von vielen gemeinsam mitgestaltete Gnadenzeit sein. Es kann vieles von dem vergegenwärtigen, was wir empfangen haben. Sicher kann es uns auch zum neuen Loben und Danken anregen. Am wichtigsten ist, daß wir das hier Dokumentierte als Hinweis auf das kostbare *Saatgut* verstehen, das uns anvertraut ist. Was uns geschenkt wurde, ist gewiß jedem einzelnen ganz persönlich zugedacht und wartet auf ein ganz persönliches Vergelt's Gott! Zugleich ist es eine Gabe zum Weitergeben. Wir ehren erst dann unseren Vater Kilian in der rechten Weise, wenn wir uns daranmachen, die gute Saat auszusäen, wie er es getan hat.

Gebe Gott, daß viele dabei mitmachen; nicht erst bei der Ernte, sondern schon beim Ackern und bei der Aussaat fehlen »Mitarbeiter Gottes« (1 Kor 3,9) an allen Ecken und Enden. Gebe Gott, daß die Saat auf fruchtbaren Boden fällt und dreißig-, fünfzig- und hundertfache Frucht bringt!

+ Paul-Werner

Bischof von Würzburg

Bei Ausschachtungsarbeiten anfangs der sechziger Jahre in der Brunokrypta unter dem Kiliansdom wurde ein Steinkreuz aus spätkarolingischer Zeit (9. Jahrhundert) entdeckt. Vielleicht gehörte dieses Kreuz mit dem imposanten Christuskopf zum Dombau unter Bischof Arno, begonnen 855. Das Kreuz hängt jetzt an der Westwand in der Brunokrypta.

Aus der Vergangenheit des Bistums Würzburg

Erik Soder von Güldenstubbe

Die ersten Berührungen mit dem Christentum hatten die Bewohner der Mainlande wohl im sechsten und siebten Jahrhundert. Damals begann nämlich die Kolonisierung durch die Angehörigen des Frankenreiches, das unter der Herrscherdynastie der Merowinger stand. Ein Amtsherzog verwaltete im Auftrag der Frankenkönige das südliche Thüringen und die Mainlande. Allerdings versuchten diese Herzöge, bald eine vom Reich unabhängige Politik zu betreiben und verbündeten sich deshalb zeitweise mit den noch heidnischen Sachsen und Wenden. Dem Namen nach waren die Herzöge und die Adeligen, die hier eine fränkische Kolonie aufbauten, wohl sicher schon Christen. Aus politischen Rücksichten auf die Nachbarvölker heraus haben sie aber gewiß das Christentum nicht besonders gefördert. Auch gab es in der stark veräußerlichten Kirche des Merowingerreiches manche Mißstände. Als der Missionsbischof Kilian mit einigen Gefährten um 686 nach Würzburg kam, fand er also kein sehr überzeugendes christliches Leben vor. Die Missionare aus Irland hielten dem Herzoghaus – über das auch später noch Klagen wegen Ungerechtigkeit, Tyrannei und Unterdrückung seiner Untertanen bekannt wurden – das Gesetz Christi vor Augen. Solange die Reichsgewalt die Glaubensboten schützen konnte, durfte Kilian predigen, taufen und firmen. Als aber die Friesen ins nördliche Merowingerreich einfielen und alle Kräfte dorthin abgezogen wurden, veranlaßte das herzogliche Haus 689 die Ermordung der Missionare. Besonders im Frauenkloster Karlburg am Main blieb die Kunde vom Martertod dieser Glaubensboten lebendig. Dieses Kloster stand im Zusammenhang mit der heiligen Gertrud, der Gründerin der Abtei Nivelles im heutigen Belgien; dort wirkte auch die letzte Angehörige des früheren Herzogshauses, die selige Immina als Äbtissin.

Kurz nach 700 versuchte der heilige Willibrord († 739), ein Missionar aus dem Stamm der Angelsachsen, die Christianisierung im Frankenland voranzubringen. Er erhielt dafür einige Schenkungen, besonders in der Gegend von Hammelburg. Da aber sein Missionsschwerpunkt am Niederrhein lag und er wohl auch keine besondere Unterstützung durch die Herzogsfamilie hatte, wurde aus diesem Versuch nicht viel. Wesentlich erfolgreicher waren dann die Bemühungen des Angelsachsen Bonifatius, der 741/742 das Bistum Würzburg errichtete und seinen Landsmann Burkard als ersten Bischof einsetzte. Viele weitere Helfer kamen durch St. Bonifatius ins Frankenland, namentlich die ihm verwandten heiligen Frauen Lioba, Thekla und Hadeloga. Aus königlichem Besitz kamen eine Reihe von Kirchen und Gütern an das neue Bistum. In dem damit verbundenen weltlichen Besitz lag auch eine Keimzelle des späteren Hochstifts Würzburg, das war der Bereich, in dem der Bischof von Würzburg bis 1802 die Regierungsgewalt als Fürst des Reiches und Herzog von Ostfranken hatte. Das Gebiet, das der Bischof in kirchlicher Hinsicht zu verwalten hatte, das eigentliche Bistum (auch Diözese genannt), war dagegen größer.

Bald nach der Errichtung erhielt Würzburg neue Aufgaben: es mußte die christliche Mission weitertragen, zunächst in das Sachsenland, wo auch die fränkischen Abteien Neustadt am Main, Fulda und Amorbach wirkten, dann aber auch mainaufwärts in den Gebieten, wo damals noch heidnische Slaven wohnten. Der Erbauer des zweiten Würzburger Domes – der erste, der vielleicht schon unter St. Burkard begonnen worden war, brannte 855 infolge Blitzschlag ab – Bischof Arno, kam auf einem Zug durch die slavisch bewohnten Gegenden in der Nähe von Chemnitz um sein Leben. Er wurde im Bistum Würzburg als Seliger verehrt. Unter den Bischöfen des elften Jahrhunderts ragen die Heiligen Bruno und Adalbero hervor. Beide bauten am Dom und errichteten andere Kirchen, und erneuerten nach Kräften das geistliche Leben.

Im zwölften Jahrhundert predigten die heilige Hildegard von Bingen, Bernhard von Clairvaux und Norbert von Xanten in Würzburg. Der heilige Franziskus von Assisi erlebte es noch, daß hier 1221 der erste Konvent seines neuen Ordens errichtet wurde, das heute noch bestehende Kloster der Franziskaner-Minoriten. Auch viele andere Orden konnten im Bistum Niederlassungen verzeichnen: Benediktiner, Zisterzienser, Praemonstratenser, die geistlichen Ritterorden, die Augustiner, Dominikaner, Karmeliten, die Kartäuser, später noch die Kapuziner und manche andere, die meisten von ihnen waren jeweils auch mit ihrem weiblichen Zweig vertreten. Diese Orden belebten weithin die Pfarrseelsorge, das kulturelle Leben, sie förderten die Bildung und vollbrachten Werke der christlichen Caritas.

Seit dem Hochmittelalter bildete sich die Landesherrschaft der Bischöfe allmählich aus. Daher erhielten sie neue Mitarbeiter im kirchlichen Dienst: Weihbischöfe, Generalvikare und Offiziale. Viele fromme, gelehrte und bedeutende Persönlichkeiten waren darunter. Die Kunst stand vielfach im Dienst der Verkündigung, wie bei Tilman Riemenschneider oder Veit Stoß.

Große Wirrnisse brachten im sechzehnten Jahrhundert die Reformation und der sogenannte Bauernkrieg. In diesen Umwälzungen wurden manch große Mißstände, Fehlentwicklungen und Versäumnisse in der mittelalterlichen Kirche und Gesellschaft sichtbar. Als die weltlichen Landesherren, die Reichsstädte und die Angehörigen der Reichsritterschaft das Reformationsrecht an sich zogen, verbreitete sich in deren Territorien das Luthertum. Der römisch-katholische Glaube verlor im weiten Bistum viele seiner Anhänger. Auf dem Reformkonzil von Trient erneuerte sich die alte Kirche wieder. Besonders die Würzburger Bischöfe Friedrich von Wirsberg (1558–1573) und Julius Echter von Mespelbrunn (1573–1617) schufen im Geist dieser Erneuerung wieder ein tragfähiges Fundament für den katholischen Glauben und das kirchliche Leben. Viele Werke Echters bestehen heute noch: die Universität und das Priesterseminar in Würzburg, das Juliusspital und viele andere Spitäler und soziale Einrichtungen gehen ebenso auf ihn zurück wie viele Neubauten von Schulen und Kirchen im Bistum.

Große Schäden brachte der Dreißigjährige Krieg. Ein Opfer der Kriegszeit war 1631 der Pfarrer von Altenmünster, Liborius Wagner aus Mühlhausen, der 1974 durch Paul VI. als Märtyrer für die Glaubensfreiheit seliggesprochen wurde.

Maßgeblich an den Friedensverhandlungen zu Münster und Osnabrück (1648) war von katholischer Seite beteiligt der Würzburger Fürstbischof Johann Philipp von Schönborn (1642–1673).

Viele weitere große Leistungen für Kunst, Bildung und Frömmigkeit verbinden sich für Franken mit dem Namen der Grafen von Schönborn, die Würzburg drei bedeutende Bischöfe und einige Domherren geschenkt haben. In der Barockzeit wurden vor allem berühmt die Künstler und Architekten Antonio Petrini, Balthasar Neumann, Oswald Onghers und Giovanni Battista Tiepolo.

Im achtzehnten Jahrhundert verdienen besonders auch wegen ihrer sozialen und kulturellen Verdienste die Bischöfe Adam Friedrich von Seinsheim und Franz Ludwig von Erthal eine Erwähnung. Der letzte Fürstbischof Georg Karl von Fechenbach mußte 1802 als weltlicher Regent abdanken, Kurpfalzbaiern hatte, unter der Zulassung durch Napoleon, das Hochstift Würzburg militärisch besetzt.

Nach mühseligen Verhandlungen kam 1817 ein Konkordat zwischen Bayern und dem Papst Pius VII. zustande, und 1821 wurde das Bistum wieder hergestellt, allerdings kleiner als früher, dafür kamen ehemalige Gebiete des Erzbistums Mainz hinzu, vor allem im Spessart und um die Stadt Aschaffenburg. Wesentlich beteiligt am Neuaufbau waren die Bischöfe Friedrich Groß von Trockau und Georg Anton von Stahl. Die 1802 gleichfalls aufgelösten Klöster erhielten ab etwa 1850 wieder Nachfolger in vielen neuen, jetzt meist karitativen Ordensniederlassungen. Hier sind besonders die im Bistum selbst entstandenen Gemeinschaften zu erwähnen: die Erlöserschwestern, die Oberzeller Schwestern (Franziskanerinnen), die Schwestern von der Schmerzhaften Mutter, die Ritaschwestern, die Gemeinschaft der Missionshelferinnen und der Augustinuskreise. Daneben bestehen seit langem auch die weiblichen Schulorden, wie Ursulinen, Englische Fräulein (Mary-Ward-Schwestern), Arme Schulschwestern, Barmherzige Schwestern vom Heiligen Kreuz.

Für die katholische Kirche in ganz Deutschland waren einige Ereignisse wichtig, die in Würzburg stattfanden; die erste deutsche Bischofskonferenz 1848, einige Katholikentage (1864, 1877, 1893, 1907), schließlich die Gemeinsame Synode der deutschen Bistümer 1972 bis 1975.

Wichtige Einrichtungen für die Evangelisation im Sinne des Missionsbefehls Christi bestehen hier, so das Mariannhiller Missionsseminar, das Missionsärztliche Institut, die Abtei der Missionsbenediktiner zu Münsterschwarzach und das Deutsche Aussätzigenhilfswerk.

Der sogenannte Kulturkampf ab 1871, der antikirchliche Kampf des Dritten Reiches (1933–1945), die beiden Weltkriege und die fast völlige Zerstörung der Bischofsstadt am 16. März 1945 brachten viel Elend, Leid und Verwirrung. Der Widerstandsbischof Matthias Ehrenfried (1924–1948), die unvergessenen Oberhirten Julius Döpfner (1948–1957) und Josef Stangl (1957–1979) arbeiteten mit vielen am inneren und äußeren Wiederaufbau. Nicht zuletzt der moderne Kirchenbau im Nachkriegsdeutschland wurde von Würzburg aus nachhaltig beeinflußt. Maßgeblich sind hier Richard Schömig und Hans Schädel zu nennen.

Das Erbe des heiligen Kilian, der heiligen Bonifatius und Burkard bewahrt und belebt heute Bischof Paul-Werner Scheele mit seinen Mitarbeitern und Gläubigen in Stadt und Land.

Kilian und Adalbero. Darstellung im Lambacher Rotelbuch; unbekannter Meister, um 1639/40.

Europa hat dem Mönchtum viel zu verdanken. In europäischen Klöstern wurden nicht nur wichtige geschichtliche Quellen aus dem Altertum überliefert, in den Klosterstuben des frühen Mittelalters entstanden auch prächtige und kunstvolle Handschriften. Ein Beispiel für dieses Erbe ist das Evangeliar von Lindisfarne, das um die Zeit in einem angelsächsischen oder irischen Kloster geschaffen wurde, als die Mönche Kilian, Kolonat und Totnan ihre Mission im Frankenland begannen.

Auf dem Weg zur Christianisierung der Franken

Alfred Rost

Kann man die Frankenapostel Kilian, Kolonat und Totnan verstehen ohne Kenntnis der damaligen geschichtlichen Zusammenhänge? Kilian, Kolonat und Totnan lebten in einer Zeit voller Spannung, in der sich das Schicksal Europas und darüber hinaus das der ganzen Welt entschied. Es geht um jene Epoche, die mit der Völkerwanderung begonnen und ihren Abschluß in der karolingischen Renaissance gefunden hat, also etwa um die Jahre zwischen 400 und 900 nach Christi Geburt. In diesem halben Jahrtausend sollte sich Europa völlig wandeln.

Was hat die Völkerwanderung ausgelöst? Sturmfluten und Naturkatastrophen? Die Anziehungskraft der reichen und kultivierten Provinzen des Römischen Reiches? Junges, germanisches Kraftgefühl gegenüber dem erlahmenden Imperium? Nicht zu vergessen die nomadisierenden Reitervölker aus Innerasien, etwa die Hunnen, welche die Ost-Germanen vor sich hertrieben oder unterwarfen. Bedenkt man dies, bekommt die Invasion der Germanen den Charakter einer verzweifelten Flucht nach vorne.

In der ersten, westgotischen Phase (375–429) brechen die neuen Völker vor. Das Römische Reich besteht formell weiter, aber alle Provinzen vom Balkan bis zum Atlantik sind geplündert, sogar Rom selbst 410 durch Alarich. Zahlreiche Stämme haben sich auf römischem Reichsgebiet eingenistet.

In der zweiten, vandalischen Phase (429–489) gerät das ganze Abendland in die Hand germanischer Herrscher. Die Vandalen reißen das Hauptkornland Afrika an sich und erringen die Seeherrschaft im Mittelmeer. Der Zusammenbruch West-Roms ist unausweichlich.

Die dritte, ostgotische Phase (489–526) beherrscht eine einzige Gestalt: Theoderich der Große, der Dietrich von Bern der deutschen Sage. Man wundert sich bei diesem Recken immer wieder, daß er ein wirklicher Mensch, ein fähiger General und ein mächtiger Politiker war. Im Museum von Ravenna steht man vor bleiernen Wasserrohren, etwa einen Meter lang und 10 Zentimeter stark, mit der Aufschrift: »Theodoricus duxy civitati aquam reddidit« (»Herzog Theoderich hat der Stadt eine funktionierende Wasserleitung wiedergegeben«). Was für ein Selbstbewußtsein spricht aus dieser eingegossenen Inschrift! Noch bezeichnet er sich als Herzog, als Gefolgsmann des Kaisers in Konstantinopel. Dort war er als junger Mann erzogen worden. Der Kaiser hatte ihn mit seinen Goten nach Italien geschickt, um es wieder dem Reich einzuverleiben. Er zeigte nun, daß die alte römische Friedensordnung auch von Germanen wiederhergestellt werden konnte, genauso wie die Errungenschaften römischer Zivilisation. Ihm standen nicht nur seine genialen Fähigkeiten als Herrscher zur Verfügung, sondern auch ein unbesiegbares Heer. Allerdings zählte sein Volk nur 100 000 Köpfe, davon 20 000 wehrfähige Männer. Diese dünne Minderheit sonderte sich von der Volksmehrheit streng ab, um sie zu beherrschen. Das konnte nicht gutgehen. Nach Theoderichs Tod brach sein Reich zusammen.

In der vierten, oströmischen Phase (526–555) versucht Kaiser Justinian, das Imperium in seinem alten Glanz nochmals herzustellen. Er vernichtet die Herrschaft der Vandalen in Nordafrika und die der Ostgoten in Italien. Deren Reste gehen spurlos in der einheimischen Bevölkerung auf. Nur in Spanien bleiben die stark geschwächten Westgoten übrig. Auch den Papst bringt Justinian in seine Abhängigkeit. Man kann das Porträt Justinians in San Vitale in Ravenna noch heute bewundern. In diese Zeit fallen zwei ganz bescheidene Klostergründungen, die aus kleinstem Samen zu gewaltigen Bäumen heranwachsen werden, welche die Zukunft tragen: Sankt Benedikt gründet Monte Cassino und Cassiodor, der frühere Kanzler Theoderichs, Vivarium, das die Pflege der Wissenschaft in das Ordensleben einbringt. In der Universitätsbibliothek Würzburg kann heute noch ein Buch aus Cassiodors Vivarium bewundert werden. Unsere Vorfahren haben es als Lehrbuch benützt.

Mit der letzten, langobardischen Phase (nach 568) verebbt die Völkerflut. Die Langobarden erobern Italien. Keiner kann und will ihnen wehren. Der byzantinische Zentralismus hatte die westlichen Provinzen mit seinen Steuererpressungen zur Verzweiflung getrieben. Afrika ist seit Justinian geistig tot. Südspanien wird von den Westgoten wiedergewonnen. Formeller Friede tritt erst um 680 ein. Das ist die Zeit, in der St. Kilian und seine Gefährten auf dem Festland eintreffen. Die Erregung über diese Ereignisse macht die Nerven der Völker noch zittern. Die einst blühenden Provinzen befinden sich durch Krieg, Hunger und Pest in tiefstem Elend. Gregor von Tours, der Verfasser der Geschichte der Franken, schreibt, die Welt sei alt geworden. Er meint wohl, daß sie reif sei zum Sterben.

Vom Römischen Reich ist nur noch die östliche Hälfte übriggeblieben. Im Westen haben sich die letzten Truppen zerstreut, die kaiserlichen Verwaltungsstellen in nichts aufgelöst. Der Handel ist zusammengebrochen und bedient nur noch die Luxusansprüche der neuen großen Herren, der Geldverkehr stockt und geht vollends zurück. Erst Karl der Große schafft ein neues Währungssystem (240 Pfennige = 1 Pfund), das in England bis in unsere Zeit gültig bleibt. Die Städte verarmen, entvölkern und werden wieder zu Dörfern, in denen Kühe weiden und Äcker bestellt werden. Auf dem Schauplatz der Geschichte bleiben nur noch zwei übrig: Die Germanen und die Kirche.

Die Germanen waren von Kultur, Technik und Religion der Römer fasziniert. Sie stellten dem Reich schon lange verläßliche Soldaten und begabte Offiziere. Allerdings übernahmen sie das Christentum des damaligen byzantinischen Kaiserhofes, den Arianismus. Diese Irrlehre stutzt das Geheimnis Christi auf die Beschränktheit menschlichen Verstehens zurück. Theoderich benutzt den Arianismus seiner Goten geradezu als politisches Mittel, damit sie sich mit den Beherrschten und ihrer Volkskirche, der katholischen, der allgemeinen, nicht vermischen, und als herrschende Schicht erhalten bleiben. Letztlich verhindert der Arianismus, daß Theoderich das Westreich, gestützt auf Germanenmacht, wieder errichtet. Die Wulfilabibel erinnert noch an jene Zeit. Theoderich hat diese Übersetzung ins Gotische abschreiben und mit aller Pracht ausstatten lassen.

Das damalige Wirken *der Kirche* können wir studieren am heiligen Severin, der als einfacher Mönch das Ostalpenland vor germanischen Übergriffen schützte; oder am heiligen Papst Leo dem Großen, der waffenlos Attila entgegentritt und Italien vor unabsehbarer Verheerung bewahrte. Die Bischöfe müssen die Verteidigung der Städte, den Schutz der Einwohner, die Verwaltung der einstigen Provinzen übernehmen, vor allem auf jenen Gebieten, die nach unserem heutigen Selbstverständnis beim Kultus-, Sozial- und Justizministerium angesiedelt sind. Sie haben den neuen Herrschern nicht nur Widerstand zu leisten, sondern auch mit ihnen zu verhandeln. Sie werden zu »Consuln Gottes«, zur Ersatzmacht anstelle des Reiches. Wäre die Kirche weniger im Volk verwurzelt gewesen, als sie es tatsächlich war, die totale Auflösung wäre nicht mehr zu verhindern gewesen. Die Kirche hütet ihre Botschaft, ihre Liturgie und die Bibel, aber zugleich auch die lateinische Sprache, die klassische Literatur und die Wissenschaft. Gleichwohl tritt in den neuentstehenden Reichen eine starke Barbarisierung ein, der sich auch die Kirche und ihr Klerus auf Dauer nicht entziehen können.

Bezeichnend, was Papst Gregor der Große (†604) in seiner Ezechielauslegung schreibt: »Bald muß ich mich um die Angelegenheiten der Kirche, bald die der Klöster kümmern, oft über das Leben oder Tun einzelner Menschen nachdenken. Bald muß ich geschäftliche Dinge der Bürger über mich ergehen lassen, bald stöhne ich über die andringende Kriegsmacht der Barbaren und muß die Wölfe fürchten, die der mir anvertrauten Herde nachstellen. Bald muß ich mich um das Vermögen sorgen, damit die Mittel nicht ausgehen für die, denen es nach der Regel geschuldet wird. Dann wieder muß ich mit Gleichmut gewisse Räuber dulden oder ihnen begegnen mit dem Bemühen, die Liebe zu wahren.«

Wo ist ein Ausweg aus dieser Krise, wo ist Rettung?

Die Rettung kam aus einer Ecke, woher man sie am allerwenigsten erwartet. Von Völkern nämlich, die noch lange Heiden waren: den Iroschotten, den Angelsachsen und den Franken.

Bei den Iroschotten begann es mit einem Piratenstück. Ein junger Römer britischer Abstammung wurde von irischen Seeräubern gefangen. Später entkommt er wieder, kehrt aber freiwillig auf die grüne Insel zurück, und zwar als Missionsbischof, möglicherweise vom Papst geweiht. Er bekehrt die Iren zum Christentum in den Jahren 432–461. Sein Name: Patricius, Sankt Patrick.

Die Völkerwanderung schneidet die irische Kirche lange von Rom ab. Sie entwickelt sich entsprechend den Clans der Stämme zu einer Mönchskirche mit großen Klöstern, deren Äbten sogar die Bischöfe unterstehen. Das religiöse Leben mit Gottesdienst, Glaubensunterweisung, strenger Bußdisziplin und Klosterzucht blüht in kurzer Zeit mächtig auf. Daneben pflegen die Iren die antiken Sprachen und die einheimischen Überlieferungen. Sie werden zu Meistern der Reimdichtung, der Buchherstellung und -malerei. Sie üben Gesang und mehrstimmige Musik.

Aus Liebe zu Christus gehen sie auf Wanderschaft und missionieren in Schottland, England und im Frankenreich. Es müssen Tausende gewesen sein. Ihre Spuren sind heute noch überall feststellbar. Bis über das Jahr 1000 hinaus wirken irische Büßer auf dem Kontinent als Vorbilder der Askese, als Meister der Gelehrsamkeit und der Buchkunst. Auf diese Weise entstand auch das Schottenkloster in Würzburg.

Bei den Angelsachsen entsteht die zweite Säule der Rettung. Auch hier mit einem sonderbaren Anfang: Papst Gregor I. ging wieder einmal über den Sklavenmarkt in Rom, um Gefangene freizukaufen. Da fallen ihm zwei blonde Burschen auf. »Wer seid ihr?« – »Angeln«. Das klingt im Lateinischen wie Angeli (Engel). Gregor ist von der unverbrauchten Naturkraft der beiden so angetan, daß in ihm der Entschluß reift, den Benediktinerbischof Augustin mit 40 Mönchen ins Angelland als Missionare zu schicken. Die kehren aber bald wieder um. Sie fürchten sich vor den wilden Barbaren, die sich in Gallien eingenistet haben. Der heilige Papst Gregor läßt sich nicht beirren und schickt sie nochmals los. Dieses Mal erreichen sie England. Augustin tauft König Ethelbert und errichtet das erste Bistum in Canterbury, kurz vor dem Jahr 600.

Nach 400 waren die letzten römischen Legionen wegen der Völkerwanderung von England abgezogen worden. Das entstehende Machtvakuum füllen die germanischen Jüten, Angeln und Sachsen aus. Sie drängen die keltischen Briten west- und nordwärts. Die Christianisierung übernehmen Iren und römische Benediktiner. Da diese Germanenstämme sich nicht abgrenzen müssen von einer besiegten Bevölkerungsmehrheit, saugen sie römische Religion und Bildung wie ein trockener Schwamm auf. Sie zeichnen ihre Geschichte in Latein und in Angelsächsisch auf. Sie stellen den größten Kirchenlehrer jener Zeit, den heiligen Beda (672–735). Sie beginnen 678 die Mission auf dem Festland. Sie stehen in lebhaftem Schriftverkehr mit Rom. Selbst als der Papst einen Griechen, Theodor von Tarsos, als Erzbischof nach Canterbury sendet (669–690), kann dieser über die Kleinreiche hinweg eine Gesamtkirche der Angelsachsen organisieren, einen ersten Ansatz des berühmten englischen »Gemeinschaftssinnes«.

Das Reich der Franken unter den Merowingerkönigen ist der Kampfplatz, auf dem sich das Ringen zwischen Christentum und Kultur einerseits und Barbarei andererseits entscheidet.

König Chlodwig hatte das Volk aus mehreren Einzelstämmen zu dem der Franken (Freien) geeint. Sie haben ihre gründlich germanisierten Stammsitze an Mosel, Maas und Niederrhein nie verlassen. Von diesem Schwerpunkt (Austrasien) her erobern sie Neuland (Neustrien) zwischen Schelde und Loire. Weil Chlodwig dem Heidentum abschwor und sich und seine Großen kurz vor 500 katholisch taufen ließ, entstand kein religiöser Gegensatz zwischen Herrschern und Beherrschten.

Dagegen entbrennen wilde Kämpfe zwischen Königtum und germanischem Adel. Beide haben als Anführer der Eroberung ihre Macht auf ehemals römischem Boden rücksichtslos gesteigert. Das Reich wird unter den Königssöhnen nie geteilt, sondern nur das Heeresgefolge; so kommt es bei den Merowingern zu wüsten Bruderkämpfen und Verwandtenmorden. Besonders die Rach- und Eifersucht der Königinnen kennt oft kein Maß. Der Zwist

zwischen Brunichild, einer Westgotin († 613), und Fredegunde, der »schönen, rotblonden, schrecklichen« († 597), erschüttert das ganze Reich und hallt noch im Nibelungenlied nach.
Die Merowingerkönige waren unter den Franken nur »Erste unter Gleichen«, in Neustrien aber als Nachfolger der römischen Kaiser unumschränkte Herren. Die Steuern fließen in ihren Privatschatz. Öffentliche Kassen existieren nicht mehr. Das läßt ihre Macht enorm anschwellen. Sachliche Staatsverwaltung als Gegenleistung bleiben sie jedoch schuldig. Das alles korrumpiert die Merowinger; sie werden immer despotischer. Der Geschichtsschreiber der Franken, Gregor von Tours, kennzeichnet Chlodwig als Löwen, seine Söhne als Wölfe und seine Enkel als Hunde. Die Merowinger setzen ihre Vasallen – ohne Rücksicht auf deren Eignung – auch auf Abt- und Bischofsstühle.
An den Rändern machen sich die eroberten Gebiete der Bayern, Alemannen, Thüringer, Aquitanier immer selbständiger. Im Kernland Austrasien ballt sich die Macht mehr und mehr in den Händen der »Hausmeier« (so etwas wie heutige Minister) zusammen. Die Merowingerkönige haben immer weniger zu sagen.
Die Franken waren zwar getauft, aber der Taufe war keine Bekehrung der Herzen und der Sitten vorausgegangen. Dies mußte erst mühsam in den folgenden Jahrhunderten nachgeholt werden. Hierfür einige Beispiele:
Die heilige Radegunde, eine thüringische Prinzessin, die als Kriegsbeute ins Frankenreich gekommen war, mußte erleben, daß ihr Gemahl, König Chlothar I., ihren jüngeren Bruder ermordete. Als einzige Anverwandte ist sie nach dem damaligen Ehrenkodex zur Blutrache verpflichtet, sogar gegen den eigenen Mann.
Sie entscheidet sich aber ganz anders: Radegunde verläßt ihren Mann und geht ins Kloster.
Der heilige Arnulf von Metz, mit Pippin I. Anführer des Aufstandes der Austrasier gegen Königin Brunichild, trennt sich nach jenem blutigen Ereignis von seiner Frau; beide gehen ins Kloster. Er pflegt in Remiremont Aussätzige. Als man zur Ordnung der desolaten Verhältnisse in Metz einen Bischof benötigt, fällt die Wahl auf ihn. Er stellt die Kirchenzucht wieder her, verzichtet dann auf sein Amt und kehrt zu seinen Kranken zurück.
Die Iren waren die ersten, die als Glaubensboten kamen. Dem Hexenkessel von wilden Leidenschaften setzten sie ihre konsequente Christusnachfolge und ihre fast überstrenge Bußdisziplin entgegen. Als Columban der Jüngere seine Musterklöster gründet (unter anderem in Luxeuil), findet er großen Zulauf gerade unter den Franken. Er sagt auch Königin Brunichild schonungslos die Meinung und muß prompt vor ihr fliehen, zuerst nach St. Gallen und als auch dieser Ort in ihren Einflußbereich gerät, bis nach Bobbio in Oberitalien. Gallus predigt den halbheidnischen Alemannen; Korbinian den Bayern, zusammen mit Emmeran, der seinen Einsatz mit dem Leben bezahlt. Das sind die bekanntesten Namen. Die anderen irischen Glaubensboten sind uns von kleinen Orten überliefert oder ganz und gar vergessen. So auch jene, die der Tochter Pippins I., Gertrud von Nivelles, die klösterliche Spiritualität und die lateinische Bildung beibrachten. Gertrud kannte fast das ganze Evangelium auswendig. Sie wurde die große Wohltäterin und Lehrmeisterin ihrer Landsleute, die meistverehrte Heilige, bis sie durch Elisabeth von Thüringen abgelöst wurde. Man gewinnt den Eindruck: Für die entscheidenden Leute jener Zeit gab es nur eine Alternative: entweder in dem Gestrüpp wildwuchernder Leidenschaften untergehen oder ein Heiliger werden.

An die Rolle der irischen Wandermissionare für die Christianisierung der Franken erinnern beispielsweise die sogenannten Irenkreuze, wie hier bei Bischofsheim in der Rhön.

Das heilige Irland und seine Bedeutung für das Frankenland

Klaus Wittstadt

Im Jubiläumsjahr 1989 konnten wir auf 1528 Jahre »Katholisches Irland« zurückblicken: 461–1989. Von der kleinen Insel am äußersten Rande Europas waren in den letzten eineinhalb Jahrtausenden starke religiöse Impulse ausgegangen.
Irland war das einzige Land, wohin das Christentum nicht auf den Spuren der römischen Kolonisten gelangt war. Die Wanderungen und Niederlassungen irischer Mönche und Gelehrter auf dem europäischen Festland zählen zu den bedeutendsten geistesgeschichtlichen Phänomenen des Frühmittelalters. In Deutschland hat sich für diese frommen Pilger der Name Iro-Schotten eingebürgert. Ihrer Mission zum Kontinent ging die Mission nach dem heutigen Schottland, nach Nord- und Ostengland voraus.
Der Zeitpunkt, an dem die Iren erstmals mit dem Christentum bekannt wurden, ist nicht bekannt. Handelsbeziehungen zu Gallien und der rege Verkehr mit der Nachbarinsel Britannien, die schon im Jahre 314 drei Bischöfe zu einer Synode sandte, boten mehr als eine Möglichkeit, das Christentum kennenzulernen. Wir können feststellen, daß der Glaube des christlichen Rom langsam seinen Weg zu der Insel, die nie ein römischer Legionär betreten hatte, nahm.
Im Jahre 431 muß es in Irland genug Christen gegeben haben, um den Iren einen Bischof zu senden, das heißt, sie als Kirche zu organisieren. 431 berichtete eine zeitgenössische Quelle: »Den Iren, die sich zu Christus bekennen, wird Palladius, von Papst Coelestinus geweiht, als erster Bischof gesandt«.
Doch nicht Palladius, sondern Patrick war von Gott zum Apostel Irlands bestimmt. Wahrscheinlich kam er im Jahre 432 als Nachfolger des Palladius nach Irland. Er war es, der nach sehr verschlungenen Wegen das alte vorbenediktinische Mönchtum nach Irland gebracht hat. Patrick selbst sah in der Ausbreitung des Mönchtums eine der schönsten Früchte seiner Missionsarbeit; um Gottes willen hatte er die Heimat für immer verlassen, um in der Fremde ein entsagungsvolles Leben zum Heil anderer zu führen. Ludwig Bieler bemerkt: »Wir haben hier das Vorbild des irischen Missionars vor uns«.
Patrick begann seine Missionstätigkeit im Norden Irlands. Hier

gründete er später die Bischofsstadt Armagh. Sie ist mit dem Sitz des Primas von ganz Irland heute noch der religiöse Mittelpunkt aller katholischen Iren von Nord- und Südirland. Vom Norden aus ging Patrick nach Mittel-, West- und Südirland.
»Die innere Bereitschaft, mit der die irische Nation den katholischen Glauben aus der Hand Patricks annahm, dürfte in der katholischen Missionsgeschichte einmalig sein. Als der geistliche Vater Irlands 461 starb, war fast die ganze Insel für die katholische Kirche gewonnen. Der irische Nationalheilige hatte sie in etwa 30 Jahren in einem einzigartigen Siegeszug zu Christus bekehrt. Er hatte ein so festes Fundament gelegt, daß selbst jahrhundertelange Kämpfe das Haus der Kirche nicht zum Einsturz bringen konnten« (Adolf Maß).
Die irischen Missionare wollten vor allem in der Einsamkeit ihres freiwilligen Exils das vollkommene Leben führen. Zur strengen Askese, die das irische Mönchtum auch daheim auszeichnete, kommt noch ein besonderes Opfer, was sonst nur Strafe für schwerste Verbrechen war: die Heimat für immer zu verlassen. Die Mönche verstanden das Wort Gottes an Abraham: »Zieh fort aus deinem Lande, aus deiner Verwandtschaft und aus deiner Familie und gehe in das Land, das ich dir zeigen werde« (Genesis 12, 1) als einen wörtlich zu befolgenden Ruf zur Vollkommenheit.

Ardagh-Kelch (8. Jahrhundert); Irisches Nationalmuseum, Dublin.

Von diesem Anruf betroffen gemacht, kam zum Beispiel auch Kilian nach Würzburg.
Die große Welle der irischen Klostergründungen fällt in das sechste Jahrhundert. Als Beispiel sei Columban der Ältere angeführt; er hatte schon mehrere Klöster in Irland gegründet, darunter Durrow und Derry, ehe er – 563 oder 565 – nach Iona (Hy) an der Westküste des späteren Schottland auswanderte.
Die Mönche standen unter strengen Regeln, in denen der Geist des frühen östlichen Mönchtums ungebrochen fortlebte.
Die Regel Columbans des Jüngeren, die Ende des 6. Jahrhunderts verfaßt wurde, vermittelt einen genauen Einblick in das Leben der Mönche. Allerdings hat Columban der Jüngere, er war der erste große Ire, der auf dem europäischen Festland wirkte, – um 590 gingen er und seine Gefährten ins Frankenland und später ins Langobardenreich – seine Regel für irische Klöster auf dem Kontinent geschrieben.
Die Columbanregel besteht aus zwei getrennten Texten, die sich zu einer höheren Einheit zusammenschließen: der »Mönchsregel« und der »Klosterregel«. Erstere befaßt sich vor allem mit dem geistlichen Leben des Mönchs: sie handelt vom Gehorsam, vom Schweigen, von der Enthaltsamkeit in Speise und Trank, von der Bedürfnislosigkeit, von der Keuschheit, von der Abtötung; dazwischen steht ein langer Abschnitt über das Chorgebet. Die »Klosterregel« besteht hauptsächlich in der Festsetzung von Strafen und Bußen für Verletzungen der Klosterdisziplin.
Die Zeit, die das gemeinsame Gebet und der Gottesdienst frei ließ, war dem Studium und der Arbeit gewidmet. So wurden die Klöster bald die geistlichen Zentren des Landes, die auch eng mit dem Volk verbunden waren, sie übten Seelsorge im engeren Sinne aus. Dies zeigt sich vor allem in der Bußdisziplin.
Das Wirken Columbans des Älteren und Columbans des Jüngeren hat das geistliche und kulturelle Leben Englands, West- und Mitteleuropas auf Jahrhunderte hinaus entscheidend bestimmt. Beide Mönche verbanden mit der mönchischen Askese im freiwilligen Exil Seelsorge und Mission. Auf diesem Wege gingen ihre Schüler und Nachfolger weiter.
Auch der heilige Kilian, der in Thüringen und Ostfranken predigte, gehört in diese Reihe. Er war ganz durchdrungen von der Geistlichkeit des iro-schottischen Mönchtums. Aus dieser Kraft heraus ertrug er 689 mit seinen Gefährten in Würzburg den Märtyrertod.
Die Reliquien der Frankenapostel wurden im Jahre 752 gefunden und von Burkard, dem ersten Bischof von Würzburg, in seine Ka-

thedrale überführt. Der Kult des heiligen Kilian ist seit dem späten achten Jahrhundert urkundlich bezeugt. Durch irische Pilger haben sich dann engere Beziehungen zum Mutterland angebahnt. Man darf annehmen, daß die berühmte Würzburger Paulushandschrift mit irischen Glossen sowie das kommentierte und glossierte Matthäusevangelium im neunten Jahrhundert durch Kilianspilger aus Irland nach Würzburg gekommen sind.
Würzburg ist ein Beispiel dafür, wie das Werk irischer Missionare in die kirchliche Organisation Deutschlands einging, deren Haupt und Herz der heilige Bonifatius war.
Nicht nur die Bewunderung für die strenge Askese der Mönche begründete das Ansehen der Äbte, sondern auch ihr Verantwortungsbewußtsein und ihr Einsatz, die nicht nur den Klosterinsassen und den Klosterabhängigen zugute kam, sondern allen, die im Einflußbereich eines Abtes oder Mönches lebten. Abt und Mönche stellten alle ihnen zur Verfügung stehenden Mittel und Möglichkeiten in den Dienst der Menschen. Grund dafür scheint zu sein, daß alle Askese der irischen Mönche letztlich nicht im Verlangen nach Gottesschau in der Gegenwart, sondern im Verlangen nach der zukünftigen ewigen Heimat und andererseits in der Kreuzesfrömmigkeit begründet ist.
Irische Mönche verkündeten das Christentum erstmals den Bewohnern von Nordengland und Schottland. Andere zogen im sechsten und siebten Jahrhundert nach Gallien, Deutschland, Österreich, Italien und in die Schweiz. Auch die Frankenapostel Kilian, Kolonat und Totnan gehören in diese Reihe. Der Überlieferung nach sollen sie von Lauragh aus – im äußersten Südwesten der Insel – in See gestochen sein. Mit diesem Schritt beginnt das Werk Kilians für Franken, so konnte Würzburg zur Kiliansstadt und Franken zum Land des heiligen Kilian werden. »Kilian ist der Vater unserer fränkischen christlichen Kultur« (Theodor Kramer).

Paul Effert aus Kaarst hatte den Entwurf für die Sondermarke geliefert, mit der die irische Post und die Deutsche Bundespost gemeinsam an 1300 Jahre Mission und Martyrium der Frankenapostel erinnerten. Die Darstellung der drei Frankenapostel stammt aus dem Zwiefaltener Passionale, der zweitältesten Darstellung ihres Martyriums.

Vorstellung der Sonderbriefmarke am 15. Juni 1989 in Würzburg: von links Oberbürgermeister Dr. Klaus Zeitler, Bischof Paul-Werner Scheele, Bundespostminister Dr. Christian Schwarz-Schilling und Gerard Harvey, Generaldirektor der irischen Post.

Vom Lokalmartyrer zum Heilsbringer

Klaus Wittstadt

Unter Herzog Gozbert kamen um das Jahr 686 Kilian, Kolonat und Totnan nach Würzburg. Von Irland aus ließen sie ihre Schiffe übers Meer treiben. Gott sollte ihr Steuermann sein und ihnen den Landeplatz zeigen. Von der jeweiligen Küste machten sie sich in das Landesinnere auf. Wo sie Menschen trafen, begannen sie ihre Christianisierung, wollten die Menschen von ihnen nichts wissen, zogen die Iroschotten weiter, solange, bis sie auf Zuhörer stießen.

Bereits vor dem Auftreten Kilians war das Christentum mit der in der zweiten Hälfte des sechsten Jahrhunderts einsetzenden frühfränkischen Kolonisation nach Ostfranken gelangt. Auch die Herzogsfamilie war sicher getauft, mag auch die Christianisierung im übrigen eine sehr oberflächliche gewesen sein, das Heidentum und ein heidnisch-christlicher *Synkretismus* noch zahlreiche Anhänger gehabt haben. Somit geht die eigentliche christliche Kultur Frankens auf die iroschottischen Mönche zurück. Wirklich ausgebaut und organisiert wurde das Christentum in unserem Gebiet aber erst durch den Angelsachsen Winfried-Bonifatius, der 742 seinen Landsmann, den Benediktiner Burkard, als ersten Bischof von Würzburg einsetzte. Mit diesem Datum beginnt der eigentliche christliche Inkulturationsprozeß, der Eingliederungsprozeß in Franken, der bis heute andauert.

Ein Blick in die Missionsgeschichte zeigt, daß der Entschluß zur Christianisierung die Ergriffenheit von der Botschaft Jesu Christi voraussetzt. Die Missionare waren der Überzeugung, andere Menschen zum Evangelium führen zu müssen, gleichzeitig wollten sie dabei auch Verdienste für das eigene Heil sammeln. Opferbereitschaft und Verantwortungsbewußtsein befähigten Kilian, Kolonat und Totnan zu ihren großen aszetischen Leistungen. Sie wollten heimatlos um Christi willen sein, ihr Programm lautete: *»peregrinatio pro Christo«*.

Der äußere Christianisierungsprozeß wurde bestimmt durch Predigt und Taufe. In der Germanenmission kam es in der Regel zu Massenbekehrungen im Gefolge des übertretenden Adels oder des Fürsten. Hatte Kilian Herzog Gozbert gewonnen, waren auch seine Untertanen bereit, sich taufen zu lassen. Dabei war die Taufe für die geistig Unmündigen der Anfang ihrer Bekehrung. Die Germanen wurden in den Schoß der das übernatürliche Leben spendenden Kirche aufgenommen, der Glaube wurde ihnen übergeben, und es folgte dann in langen Zeitabschnitten die vertiefte Bekehrung durch die Missionare und dementsprechend die innere Umwandlung. Daß die Germanenmissionierung meist problemlos verlief – auch die Frankenapostel hatten kaum Schwierigkeiten –, hing auch damit zusammen, daß der metaphysischen Ausweglosigkeit des spätgermanischen Glaubens die christliche Seinsdeutung allen Geschehens gerade von den letzten Dingen her gegenüberstand.

Dem Untergang der Welt, dem letzten Gericht folgte die neue Ordnung, das neue Leben in Gottes ewiger Herrlichkeit. Das Christentum gab damit eine Antwort auf die Frage, vor der das Heidentum verstummte. Damit war zugleich die Antwort an den einzelnen verbunden auf seine Frage nach dem Tod, nach einem Leben nach dem Tod, nach Herkunft und Ziel des Lebens.

Bereitete der Übertritt zum Christentum selbst kaum Probleme, so zeichnen sich diese doch mit dem beginnenden *Inkulturationsprozeß* ab. Dies wird besonders deutlich an der Leidensgeschichte des heiligen Kilian.

Über Wirken und Martyrium Kilians sowie seiner Gefährten geben zwei handschriftlich gut bezeugte Passiones (Leidensgeschichten) Auskunft, eine ältere, kürzere (»passio minor«; aus der zweiten Hälfte des achten Jahrhunderts) und eine später entstandene (»passio maior«; aus der zweiten Hälfte des neunten Jahrhunderts), umfangreichere Leidensgeschichte. In diesen Leidensgeschichten wird das Martyrium der Frankenapostel zum Thema gemacht. Die Frankenapostel werden als die für ihre Glaubensüberzeugung Gestorbenen herausgestellt.

Der Anlaß für das Martyrium Kilians war nach dem Bericht der Passio minor dessen Widerstand gegen die unkanonische Ehe Herzog Gozberts, der seine Schwägerin Gailana zur Frau hatte. Das Motiv erscheint glaubwürdig, wenn man bedenkt, daß sich noch aus dem Briefwechsel des heiligen Bonifatius die Schwierigkeiten erkennen lassen, die aus der Unvereinbarkeit der sittlichen Forderungen der Kirche mit einer offenbar recht weitverbreiteten Ehepraxis entstanden. Im Zusammenhang mit der Germanenmission war eine wichtige Frage die nach den Vorschriften über Eingehung und Auflösung der Ehe. Im Jahre 689 wurden Kilian und seine Gefährten in Würzburg aus Rache hingerichtet, weil sie die Ehegesetze der Kirche bei dem Herrscher dieses Gebietes durchzusetzen versuchten.

Eine besondere Härte erhielt die Forderung der Missionare dadurch, daß das germanische Recht das Ehehindernis der Schwägerschaft nicht kannte. Dies beruhte vielmehr auf kirchlichem Einfluß nach dem Vorbild des Alten Testaments (Lev 18,6 gg.; 20,21), der im Frankenreich schon im sechsten Jahrhundert einsetzte.

In der Konfrontation Kilians mit dem Herzog ist allerdings kein prinzipieller Gegensatz zum Christentum mehr zu erblicken oder eine Abneigung gegen die Ausprägung christlicher Formen, sondern weit mehr eine Folge des Aufeinanderprallens der christlich-ethischen Forderungen mit den Anschauungen einer ungestümen Zeit.

Im Vergleich zum direkten Zeugnis der Martyrer der alten Kirche für Christus geht es bei Kilian schon um eine sittliche Auffassung der Kirche Christi, die allerdings nach der damaligen Auslegung der *Täuferperikope* auf einem ausdrücklichen Gebot Gottes beruht.

Kilian ging für einen Sittengrundsatz der römischen Kirche in den Tod und wurde damit zum Martyrer, da das Martyrium – auch so wie wir heute diesen Begriff auffassen – der Tod um des christlichen Glaubens willen ist.

Vergleichen wir das Martyrium Kilians mit den Martyrien der frühchristlichen Martyrer, bei denen das eigentliche Vorbild des Martyriums die Bekenntnissituation gegenüber dem heidnischen Staat war, wo also direkt das Bekenntnis zu Christus entscheidend war, stellen wir fest: es vollzieht sich ein Wandel zum Recht der Kirche, das als Gottesrecht empfunden wird. Kilian wird zum Martyrer für Gottesrecht in kirchlicher Form.

Das Martyrium der Frankenapostel zeigt, wie die römische Kirche ihren Wertvorstellungen bei den Germanen zum Durchbruch verhilft. Es war ein langwieriger und auch schwieriger Prozeß, bis sich die Germanen mit den Eigenarten der Kirche, die aus einem anderen Kulturkreis stammten, abfanden.

Vom Wirken und Martyrium Kilians ging ein Eingliederungsprozeß aus, wir können auch sagen eine Wirkungsgeschichte, die ihren Niederschlag findet in Brauchtum, Patrozinien oder in der Ikonographie.

So wuchs bereits im Verlauf der karolingischen Geschichte Kilian mehr und mehr aus der lokalen Begrenzung heraus und wurde zu einem bekannten Heiligen: er wurde von einem Lokalmartyrer zu einem Heilsbringer für das ganze fränkische Reichsvolk.

Seine Verehrung formte weitgehend das fränkische Kulturbild.

Sie erfüllte und durchdrang gewissermaßen alles, »so wie sein heiliger Name mit der Ausbreitung und Geschichte des Christentums in Franken und damit ebenfalls mit der gesamten späteren Entwicklung der Diözese Würzburg auf immer unlösbar und verpflichtend verbunden bleiben wird« (F. Merzbacher).
Wegen seiner Verbindung mit Kilian wurde Würzburg ein Wallfahrtsort und ein Zentrum irischen Einflusses in Deutschland. Weitere Bedeutung gewann die Stadt dadurch, daß irische Missionare im neunten Jahrhundert die »Würzburger Glossen« nach Würzburg brachten, die einen Kodex der Paulus-Briefe und des Matthäus-Evangeliums mit Anmerkungen in irischer Sprache enthielten. Sie stellen das älteste noch existierende Schriftstück in irischer Sprache dar und befinden sich in der Würzburger Universitätsbibliothek.
Zur Weiterführung des Inkulturationsprozesses, der von den irischen Glaubensboten angestoßen wurde, sei folgende Frage erlaubt: Sollte das Denken und Wirken der irischen Mönche, der Künstler und Forscher in jenen Jahrhunderten des frühen Mittelalters uns nicht Anlaß sein oder werden, das Verhältnis von Kultur, der überlieferten und der zu schaffenden, neu zu prüfen, eben damit Kunst und Kultur sich wieder stärker als sehr persönliche, kreative und bewußte, also nicht passive, Vorgänge begreifen?

Zu den Pfarrgemeinden im Bistum Würzburg, die die 1300-Jahr-Feier des Martyriums der Frankenapostel in besonderer Weise gewürdigt haben, gehört die Pfarrei St. Norbert in Waldbrunn: Auf Initiative von Pfarrer Edwin Kaufmann hatte die Kirchenverwaltung den Bildhauer Karl Demetz aus St. Christina im Grödnertal beauftragt, eine Kiliansfigur und vier Bildtafeln mit Darstellungen aus dem Leben Kilians und seiner Gefährten anzufertigen. Die vier Bildtafeln zeigen die Berufung der Frankenapostel (oben links), den Sendungsauftrag der Frankenmissionare (oben rechts), das Martyrium (unten links) und ihr Wirken als Fürsprecher der Menschen bei Gott (unten rechts).

»Martyrium der Frankenapostel«, um 1475, Mainfränkisches Museum.

Die Sankt-Kilians-Schreine gestern und heute

Erik Soder von Güldenstubbe

Wir wissen nicht mehr mit Sicherheit, wo die erhaltenen Skelette von Kilian, Kolonat und Totnan nach der Erhebung durch St. Burkard, den ersten Bischof von Würzburg, zuerst beigesetzt wurden. Zu vermuten ist, daß dies in jenem alten Steinsarg geschah, der seit langem und bis heute in der Kiliansgruft der Neumünsterkirche steht. Je mehr sich der Ruhm der Frankenapostel ausbreitete, besonders in den Gebieten, die von Würzburg aus missioniert wurden, desto öfter kam der Wunsch auf, auch sichtbare Zeichen der Heiligen zu besitzen.

Obwohl dementsprechend vielfach kleinere Reliquien der Frankenapostel an auswärtige Kirchen verschenkt wurden, blieben doch die meisten ihrer irdischen Überreste in Würzburg.

Die Tradition berichtet von einer Aufteilung der Reliquien im 15. Jahrhundert zwischen dem Domkapitel und dem Chorherrenstift Neumünster zu Würzburg, wo man besonders in der Kiliansgruft die Stelle des Martyriums ehrte. Der Dom behielt danach das heute noch erhaltene Evangeliar, das Sankt Kilian besessen haben soll, die Häupter der drei Heiligen, kleinere Reliquien sowie Reste von Gewändern und liturgischen Geräten. Alles andere erhielt das Neumünster.

Am Ende der Regierungszeit des Fürstbischofs Rudolf von Scherenberg (1494) entstand ein neuer kostbarer Silberschrein, der die Reliquien der Frankenapostel im Neumünster aufnahm und am Kiliansfest auf dem Gruftaltar aufgestellt wurde. Dagegen hatte schon früher das Domkapitel silberne Büsten der Frankenapostel anfertigen lassen, in deren Sockel die Häupter der Martyrer ruhten. Im Streit des verschwenderischen und selbstherrlichen Fürstbischofs Johann von Brunn mit seinem Domkapitel verbrachte die Gegenpartei 1431/32 die wertvollsten Domreliquien nach Ochsenfurt, »welche Bildnisse jedoch bald wieder zur nicht geringen Freude der Würzburger Bürgerschaft zurück gegeben worden sind«. Rudolf von Scherenberg förderte besonders die Verehrung der Frankenapostel.

Das Jahr über verwahrte man das Heiligtum in einem Behältnis hinter dem Hochaltar im Dom und stellte es nur an hohen Festtagen auf den Altar. Da der früher hochgelegene Chor mit einem

Der von Fürstbischof Julius Echter angeregte Kiliansschrein wurde erstmals bei der Karsamstags-Prozession von 1594 mitgetragen.

Der Reliquienschrein von 1849, den Georg Joseph Amberg geschaffen hat.

Lettner (Wand) zum Langhaus hin verschlossen war, zeigte man am Kiliansfest die wertvollsten Reliquien in ihren teilweise sehr kostbaren Behältern dem Volk meist auf einer eigenen Tribüne vor dem Dom im Anschluß an das Hochamt. Bei der Vorweisung der Heiligtümer wurde ein Gebet um Verzeihung der Schuld gesprochen, aber auch um gute Ernte und Frieden gefleht. Erst die Reformationszeit beendete die Würzburger Heiligtumsschau im Freien.

1518 ließen Fürstbischof Lorenz von Bibra und das Domkapitel das »Bildnis« Sankt Kilians, das nicht viel größer gewesen war als diejenigen von Kolonat und Totnan, in Nürnberg größer und schöner gestalten, so daß sein Wert an Gold und Silber auf 2000 Gulden geschätzt wurde.

Der größte Teil der Heiligengebeine aber lag auf dem Hochaltar im Chor. Die Reliquien des Doms überstanden zwar mit knapper Not, doch letzlich wohlbehalten den Aufstand der Bauern und Bürger 1525.

Im sogenannten zweiten Markgräflerkrieg 1553, mit dem Albrecht von Brandenburg das Land überzog, mußten die Kleinodien, die Reliquiare und wertvollen Kirchengeräte eingeschmolzen werden.

Für das Neumünster regte Julius Echter die Anfertigung eines neuen Kilianssarges an, der vom Nürnberger Meister Martin Rökelein geschaffen wurde, um 3550 Gulden kostete und erstmals 1594 bei der Karsamstagsprozession mitgetragen wurde. An diesem Schrein befanden sich Darstellungen des Weltheilandes, der Apostel und Evangelisten sowie anderer Heiliger.

Um 1660 berichten reisende Forscher, daß die Leiber der Heiligen Kilian, Kolonat, Totnan und Burkard in einem Marmorschrein auf dem Hochaltar des Domes lägen. Gewiß waren es aber nicht die vollständigen Skelette, sondern nur Teile davon.

Die Schweden verschleppten im Dreißigjährigen Krieg die Büsten der Frankenapostel, die bloßen Schädel blieben zurück. Der Dompropst F. L. Faust von Stromberg (1673–76) ließ in Augsburg durch Georg Reuschlein neue Silberbüsten schaffen, der bekannte Barockmaler Oswald Onghers hatte sie entworfen. Die Häupter befanden sich nun in den schwarzgebeizten hölzernen, teilweise verglasten Untersätzen.

In der Barockzeit wurden zum Kiliansfest im Dom und im Neumünster von »deren heil. Gebeinen, soviel man daselbst hat, zu öffentlicher Verehrung ausgesetzt«. Auf dem Hochaltar des Domes standen fünf silberne Büsten, neben denen der Frankenapostel noch solche von der Gottesmutter Maria und dem Apostel Andreas. Da der Hochaltar vom Volk sehr schlecht gesehen

Der Schrein von 1874, der im Auftrag von Bischof Johann Valentin von Reißmann angefertigt wurde. Ausgeführt wurde er nach Entwürfen von J. Marggraff in der Münchener Goldschmiede Harrach.

wurde, setzte man bei Pontifikalämtern am Martinsaltar an der Vierung die Märtyrerhäupter dort zur Verehrung aus. Der oben erwähnte Silberschrein stand an Kiliani auf dem Gruftaltar im Neumünster, das Jahr über war er wohl im steinernen Altartisch verschlossen.
1678 ließ Fürstbischof Peter Philipp von Dernbach alle im Dom befindlichen Reliquien untersuchen und inventarisieren. Weihbischof Stefan Weinberger leitete die Kommission, der auch zwei Ärzte angehörten. Das damals angelegte Protokoll beschreibt unter anderem den Marmorschrein auf dem Hochaltar, in dem ein kleinerer Holzsarg Gebeine von verschiedenen Heiligen, darunter die der Frankenapostel, barg, jedes Stück in Stoff eingehüllt und beschrieben. Im Inneren des Altares hatten sich drei Kästen befunden, von denen einer Tücher barg, die Kilian im Gebrauch gehabt haben soll, dabei Erde und Knochenasche aus dem alten Sarkophag der Märtyrer, auch etliche Schmucksteine und kleine Behältnisse aus Holz, Blei und Bein.
Der Marmorschrein wurde nach 1700 nicht mehr in den neuen barocken Hochaltar eingebracht, sondern in die Ornatkammer gestellt, bis ihn Bischof Friedrich Groß von Trockau 1822 in das Nebenschiffchörlein St. Peter und Paul im Dom verbringen ließ. 1849 wurde dieser Schrein erneut untersucht. Der erwähnte Holzschrein aber, der im alten Hochaltar des Domes gestanden hatte, kam auf Anordnung des Bischofs Georg Anton von Stahl 1853 in den Gruftaltar im Neumünster. Die Sankt-Kilians-Bruderschaft ließ damals dafür einen eigenen Schrein aus Neusilber (Alpaka, eine Kupferlegierung mit Nickel- und Zinkanteilen) anfertigen.
1795, bei der Besetzung Frankens durch die französischen Revolutionstruppen, mußte aus purer Not Fürstbischof Franz Ludwig von Erthal die silbernen Büsten der Frankenapostel und den gleichfalls silbernen Reliquienschrein im Dom einschmelzen lassen. Die Reliquien dieses Schreins kamen in die Neumünstersakristei, von wo sie 1802 nach der Säkularisation spurlos verschwanden. Im Neumünster verblieb damals nur eine kleine, gefaßte Kiliansreliquie. Die hölzernen, teilweise verglasten Büstensockel, die die Häupter der Frankenapostel bargen, wurden von den Säkularisationskommissaren als wertlos eingestuft und in der Ornatkammer des Domes abgestellt.
1849 fand man diese wieder, ließ sie entsprechend untersuchen, unter anderem von dem bekannten Anatomen Rudolf Virchow, und, in neue turmartige, verglaste Behältnisse verschlossen, auf dem Hochaltar des Domes aufstellen. Der Schöpfer dieser Reliquiare war Georg Joseph Amberg (1821–84) von Haßfurt.
1874 ließ Bischof Johann Valentin von Reißmann in München einen neuen Schrein anfertigen, hinter dessen drei verglasten Bogenfenstern die Schädeldecken der Frankenapostel zu sehen waren.
Kurz vor der Zerstörung Würzburgs am 16. März 1945 gelang es mit Hilfe des damaligen Gerolzhofener Dekans Dr. Josef Hersam, die Häupter der heiligen Märtyrer sicherzustellen. 1949 wurden diese, in einem neuen, einfachen Schrein von Josef Amberg (1900–76) aus Würzburg, mit aller Feierlichkeit durch die ganze Diözese getragen und ins Neumünster zurückgeführt. Zur Fertigstellung des Domes fertigte Michael Amberg 1967 einen, bei aller Schlichtheit zeitlos wirkenden Schrein aus feuervergoldetem Kupfer mit Bergkristallplatten, die Häupter selbst sind gefaßt mit schmalen vergoldeten Bügeln, verziert mit Edelsteinen, liegend

auf roten Samtkissen. Dieser Schrein ruht das Jahr über von vorne sichtbar im Vierungsaltar des Domes. Alljährlich an Kiliani wird er bei der Reliquienprozession zwischen Dom und Neumünster mitgetragen und anschließend im Dom offen sichtbar ausgestellt. Am Ende der Kiliansfestwoche wird er wieder in den Altar verbracht.
Als Ersatz für den einfachen Neusilberschrein mit Kiliansreliquien im Neumünster stiftete Bischof Paul-Werner einen neuen Schrein, der von Heinrich Gerhard Bücker gestaltet wurde.

Von Josef Amberg stammt der Schrein aus dem Jahr 1949, in dem die nach Gerolzhofen ausgelagerten Reliquien wieder in die Bischofsstadt zurückgeführt wurden (rechts).

Heinrich Gerhard Bücker schuf den Schrein, den Bischof Dr. Paul-Werner Scheele aus Anlaß des Jubiläumsjahres gestiftet hat.

Die Kilianiwallfahrt im Wandel der Zeiten

Hans Dünninger

Jedes Jahr pilgern in den Tagen der Kiliansoktav die Gläubigen der einzelnen Dekanate des Bistums nach Würzburg, um am Grabe des Diözesanpatrons zu beten und gemeinsam mit dem Bischof Eucharistie zu feiern. Die Jüngeren werden davon ausgehen, daß dies schon immer so gewesen sei, die Älteren sich aber möglicherweise entsinnen, wie diese Art, den heiligen Kilian und seine Gefährten zu ehren, vor ungefähr fünf Jahrzehnten entstanden ist.

Nachdem die Nationalsozialisten an die Macht gekommen waren, hatte es zunächst den Anschein, als würde sich Hitler mit der Kirche arrangieren. Doch bald stellte sich heraus, daß dies eine trügerische Hoffnung war. Die Wahlergebnisse waren in Unterfranken für die Nationalsozialisten schlechter als in vielen anderen Regierungsbezirken, was nicht zu Unrecht auf den hohen katholischen Bevölkerungsanteil zurückgeführt wurde. Hatte bereits zuvor die bayerische SPD Nürnberg zur »Hauptstadt Frankens« hochstilisiert, so residierte nunmehr dort der NS-Gauleiter Julius Streicher, der sich das Recht herausnahm, sich »Frankenführer« zu nennen. Daß er es war, der die Ausrottung unserer jüdischen Mitbürger psychologisch vorbereitete, ist eine Tatsache. Vergessen aber scheint man zu haben, daß er und andere nahezu ebenso fanatisch gegen die katholische Kirche hetzten. Der »Gau Mainfranken« (identisch mit dem Regierungsbezirk Unterfranken und Aschaffenburg) war der kleinste Gau des deutschen Reichs. Gauleiter Dr. Hellmuth und seine Paladine mußten eine Verschmelzung zugunsten eines Großgaues »Franken« befürchten, wobei sie ihre Pöstchen verloren hätten. Diese Befürchtung stachelte sie an, den »Frankenführer« nach Möglichkeit zu übertrumpfen. »Mainfranken an die Spitze!« wurde zur Devise.

Doch der Einfluß des Klerus auf die Bevölkerung war stark. Der Kulturkampf des 19. Jahrhunderts war unvergessen und wurde uns Kindern damals immer wieder vor Augen geführt. Der katholische Bevölkerungsanteil registrierte geradezu seismographisch alle Übergriffe des Staates auf die Kirche. Noch bestanden die Vereine und sonstigen Laienorganisationen, die in der Kulturkampfzeit den stärksten Rückhalt der Kirche gebildet hatten.

Heiligthumsfahrt nach der Chronik von L. Fries.

Illustration aus der von J. B. Stamminger herausgegebenen Festchronik zur 1200-Jahr-Feier 1889.

Doch als sie dann der »Gleichschaltung« aller Vereine im Deutschen Reich zum Opfer fielen, schien das letzte Bollwerk der Kirche gefallen. Das ältere Bayerische Konkordat und das von Hitler mit dem Heiligen Stuhl abgeschlossene Reichskonkordat, auf die man zunächst noch Hoffnungen gesetzt hatte, erwiesen sich als unzureichend. Da aber die Nationalsozialisten peinlich darauf bedacht waren, nach außen hin den Schein der Rechtsstaatlichkeit zu wahren, ließen die Vereinbarungen zwischen Staat und Kirche einen gewissen Freiraum für kirchliche Arbeit an der Öffentlichkeit: die Wallfahrten und Prozessionen. Es war dies die einzige Art der Versammlungsfreiheit außerhalb des Kirchenraums, die der Kirche verblieben war.

Prozession und Wallfahrt waren schon im Zeitalter der katholischen Reform ein äußerst wirksames Mittel der Glaubensverbreitung. Sie waren eine »demonstratio catholica« und dienten der »propaganda fidei« (Verbreitung des Glaubens). Dieses Erfolgsrezept war auch den Nationalsozialisten nicht unbekannt: Es ist nicht von ungefähr, daß sie ihre Aufzüge »Propagandamärsche« nannten und daß man heute ähnliche Veranstaltungen als »Demonstrationen« bezeichnet. Hatten sich vor 1933 die einzelnen Parteien mit solchen Umzügen gegenseitig auszustechen versucht, so gab es nunmehr eine einzige Institution, die sich auf ihr Recht berufen konnte, mit den Propagandaumzügen des Staates zu konkurrieren: die katholische Kirche. Ein Recht freilich, das nur zähneknirschend und vermutlich nur im Hinblick auf das Ausland zugestanden und – wo nur möglich – beschnitten wurde. Es ist kein Zufall, daß in den NS-Akten über den Kirchenkampf in der Diözese Würzburg die Prozessionen und Wallfahrten einen überaus breiten Raum einnehmen.

Mit scheelen Augen und oft auch mit versteckten Kameras lauerten Spitzel, wann immer sich ein solcher Zug in Bewegung setzte. Es erforderte Engagement und Mut, mitzugehen und seinen Glauben vor der Öffentlichkeit zu bekennen, denn die Machthaber zeichneten sich durch großen Erfindungsreichtum aus, wenn es darum ging, eine Begründung für irgendwelche Schikanen zu ersinnen. Nur wer dies weiß, kann ermessen, wie sehr uns, die wir es miterlebten, die Prozessionen ans Herz gewachsen sind.

Das Mißtrauen kirchlicher Kreise gegenüber dem Staat und seinen Einrichtungen hatte auch vor der Reichspost nicht haltgemacht. Es war eine Art von Kurierdienst zustandegekommen, einem Stafettenlauf vergleichbar. So war es dem Bischöflichen Ordinariat möglich geworden, vertrauliche Mitteilungen binnen 24 Stunden bis in den entlegensten Winkel der Diözese zu versenden. Dies wurde für die Neuorganisation der Kilianiwallfahrt von ausschlaggebender Bedeutung, denn sie sollte ein überraschender Schlag der Kirche gegen den herrschenden Ungeist werden.

Es wäre zuviel behauptet, wollte man sagen, daß das Frankenvolk dem heiligen Kilian jemals untreu geworden wäre. Aber dennoch muß zugestanden werden, daß die Kilianiwallfahrt in den zwanziger- und dreißiger Jahren an gewissen Ermüdungserscheinungen litt. Es war der damalige bischöfliche Sekretär Dr. Theodor Kramer, der die Gunst der Stunde erkannte. Bei Bischof Matthias Ehrenfried fanden seine Pläne ein offenes Ohr, und der erwähnte Nachrichtendienst ermöglichte ihre Realisierung. In bisher nie gekannten Massen strömten in der Kiliansoktav 1935 die Gläubigen in Würzburg zusammen. Sie kamen aus allen Teilen der Diözese, zu Fuß, in Bussen, Kraftfahrzeugen und mit der Bahn, alle Dekanate mit allen Pfarreien und Filialen. Die Organisation war so mustergültig, daß die staatlichen »Ordnungshüter«, so gern sie es auch getan hätten, nichts daran aussetzen konnten. Ein machtvolles Zeichen kirchlichen Widerstandes mit friedlichen Mitteln!

Vormittags versammelten sich die Gläubigen in der Neumünsterkirche zum Pontifikalamt und lauschten den Worten ihres Bischofs, der nie zuvor eine Gelegenheit hatte, seine Diözesanen in ähnlicher Weise um sich zu scharen und sie so unmittelbar anzusprechen. Nachdem die Pilger dem Grab des heiligen Kilian ihren Besuch abgestattet hatten, zogen sie am Nachmittag mit ihren Geistlichen zum Käppele, um der »Herzogin von Franken« die schuldige Reverenz zu erweisen. Bewußt war dies alles so subtil eingefädelt, daß die staatlichen Machthaber hätten blind sein müssen, wenn sie nicht erkannt hätten, daß hinter der scheinbaren Spontaneität eine Macht stand, die nicht bereit war, sich dem Terror zu beugen. Dies verdeutlicht unter anderem eine Aktion am Rande der Kilianiwallfahrt, die – wenn ich mich recht entsinne – 1940 stattfand: Ein Frevler – sicher nicht zu Unrecht vermutete man hinter ihm einen fanatischen Nationalsozialisten, den man sogar mit Namen zu kennen glaubte – hatte der Marienfigur der steinernen Pietagruppe in der Grotte unterhalb des Stationswegs zum Käppele den Kopf abgeschlagen. Nun brachten die Kilianiwallfahrer an den Gittern der einzelnen Stationen Sühnekränze an, die alle nach dem gleichen Muster hergestellt waren, sich also wie ein Ei dem anderen glichen, obwohl jene, die sie befestigten, aus den verschiedenen Regionen der Diözese kamen. Was dies in einem totalitären Staat bedeutet, kann nur ermessen, wer es erlebt hat. Die Kilianiwallfahrt, wie sie 1935 neu erblühte, war ein Fanal des Widerstandes.

Dr. Theodor Kramer, dem wir es verdanken, daß dieses Zeichen gesetzt wurde, müßte nicht Historiker gewesen sein, hätte er nicht an einen geschichtlichen Vorgang angeknüpft. Ihm war nur zu gut bekannt, was Lorenz Fries fast 400 Jahre früher geschrieben hat:

»Und so bald das Bistum daselbst gewidmet, auch das Volk im Bistum, welches derselben Zeit viel weiter gegangen als heute (also eine größere Ausdehnung hatte) mit geistlichen Vorstehern versehen (war) und die Pfarreien unterschieden worden, sind aus den nahegelegenen Pfarreien die Männer, Weiber, Knaben und Jungfrauen; aber aus der Ferne allein die Männer samt ihren Pfarrherren wenigstens im Jahr einmal, etliche (aber auch) zweimal oder dreimal, mit ihren Kirchfahnen und Reliquien in ordentlicher Prozession ... singend und Gott lobend nach Würzburg gekommen, bei dem Amt der Messe daselbst (ge-)blieben und danach wieder heimgezogen. Etliche nahe Gesessene, sonderlich die vom Adel, sind das Jahr über zu Zeiten der Hochfeste und an anderen Heiligentagen, oftmals dahin gewallt und (haben) den

Reliquienprozession vor dem Zweiten Weltkrieg mit dem Schrein von 1874.

heiligen Kilian mit ihrem Gebet und Opfer aufgesucht.« Und an anderer Stelle: »Zu dieser Zeit war es Brauch und von vielen Jahren also Herkommen und (so) gehalten worden, daß aus allen und jeden Dörfern und Städten des ganzen Bistums Würzburg eine Anzahl Volks im Jahr einmal, nämlich zu Pfingsten, mit ihren Pfarreien, prozessionsweise, wie man sonst in der Bittwoche (zu tun) pflegt, nach Würzburg zum heiligen Kilian wallten ..., wohin die, die am weitesten entfernt wohnen, erst am zweiten Pfingsttag gekommen und wieder geschieden sind; ihnen haben die Geistlichen hier zu Würzburg mit ihren Reliquien vom Dom aus dem Markt (= die Domstraße) hinab ... das Geleit gegeben, den fremden Pfarrherren einen Trunk Weins verehrt und sie wieder nach Hause ziehen lassen«.

Aktenkundig werden diese Pflichtprozessionen allerdings erst gegen Ende des 12. Jahrhunderts, weil sie so selbstverständlich waren, daß sie erst dann die Gerichte beschäftigten, als Mißstände eintraten. Nach und nach aber scheinen mehr und mehr Pfarreien sich der Pflicht entzogen zu haben, denn in der ersten Hälfte des 14. Jahrhunderts fordern zwei Diözesansynoden, daß die Geistlichen mit ihren Gläubigen am Kilianstag und in der

Pfingstwoche zur Domkirche in Würzburg kommen sollen, wie dies seit eh und je der Fall gewesen sei.
Derartige »Bannprozessionen« kennt man auch anderswo. Das Andenken an sie halten jene Prozessionen fest, welche einzelne Filialen zu ihren (ehemaligen) Mutterkirchen in der Bittwoche veranstalten. Ehedem handelte es sich um ein geschlossenes System: Wenn eine Filiale zur selbständigen Pfarrei erhoben wurde, geschah dies unter anderem unter der Bedingung, daß sie künftighin an einem bestimmten Tag (meist dem Patroziniumsfest oder dem Kirchweihtage der Mutterkirche) mit Fahnen, Reliquien (und Heiligenfiguren) zu jener Kirche wallen mußte, zu deren Sprengel sie bislang gezählt hatte. Da aber auch diese gehalten war, gemeinsam mit ihren Filialen auf gleicher Weise an einem bestimmten Tag ihre Mutterkirche zu besuchen, floß dieser Besucherstrom letzten Endes in der bischöflichen Kathedrale zusammen, von wo aus die Pfarreiorganisation ihren Ausgang genommen hatte. Der Bischof aber war zu einem »Ad-limina-Besuch« in der Lateranbasilika zu Rom, der »Mutter aller Kirchen«, verpflichtet, stellvertretend für alle seine Diözesanen. So machten diese »Bannfahrten« die Einheit der Kirche sinnfällig. Das Mitführen der Reliquien aber verdeutlichte, daß das »Corpus Christi Mysticum«, die Kirche, mehr ist als eine hier und heute zustandegekommene Gemeinde, sondern eine »Communio Sanctorum«, eine Gemeinschaft der Heiligen, die auch die Verstorbenen miteinschließt und das Zukünftige bedenkt. Man kann also sagen, daß das System der Pflichtprozessionen das Bewußtsein des Zusammenhangs der einzelnen Glieder dieses Körpers förderte, indem es anschaulich machte, wie sie (historisch) miteinander verbunden sind.
Aus heutiger Sicht heraus ist es indes durchaus verständlich, daß dieses System vom ausgehenden 12. Jahrhundert an zu zerbröckeln begann, so daß im 14. Jahrhundert Synodalbeschlüsse nötig wurden, von denen wir nicht einmal wissen, ob ihnen Erfolg beschieden war. Wer ließe sich heute dazu zwingen, an einem bestimmten Tag in einer bestimmten Form eine bestimmte Kirche aufzusuchen? Wir aber stehen am Endpunkt eines Prozesses, der im Hochmittelalter begann und den man oft nur allzu leichtfertig mit dem Begriff »Individualfrömmigkeit« abwertet, obwohl mit »Mündigkeit des Laien« an sich auch nichts anderes ausgedrückt zu werden vermag. Ob diese Freiheit aufbaut oder zerstört, das hängt nicht zuletzt auch von der Attraktivität dessen ab, was das Ziel ist.
Der Mensch des Mittelalters war zwei »Obrigkeiten« unterworfen: der weltlichen und der geistlichen. Ihre Interessen kollidierten nur allzu häufig. Die Adeligen, bestrebt, sich ein eigenes Territorium und nach Möglichkeit sich sogar eine Art von Landeskirche zu schaffen, hatten im Zweifelsfall größeren Einfluß auf das Verhalten. Sie waren in der Regel nicht daran interessiert, daß ihre Untertanen dem Ruf ihres Bischofs folgten, zumal dieser selbst Landesherr und somit Rivale der Territorialherren war. So war man in Würzburg genötigt, mit geistlichen Mitteln zu locken. Auf diese Weise nahm das St.-Kilians-Fest im 15. Jahrhundert den Charakter einer Heiltumsschau an.
Noch trafen die einzelnen Nebenstifte des Doms mit ihren Reliquien am Kilianstag ein, um den Tag des Bistumspatrons gemeinsam zu begehen. So kam dann ein stattliches Ensemble geistlicher Schätze zustande, deren Fassungen aus Gold und Silber und mit Edelsteinen auch heute noch, wenn sie erhalten geblieben wären, Schaulustige von nah und fern anlocken würden. Doch darf uns der Begriff »Heiltumsschau« nicht dazu verleiten, das, was den mittelalterlichen Menschen daran anlockte, im Ästhetischen zu sehen. Die kostbaren Reliquiare trugen vielmehr der Bedeutung Rechnung, der man ihrem Inhalt beimaß. Und von diesem Inhalt – das glaubte man und hatte es vielfältig erfahren – ging eine läuternde Wirkung aus. Waren es doch Teile von »Tempeln des Heiligen Geistes« (1 Kor 6,19).
In dem Ablaßprivileg, das Bonifaz IX. unterm 26. März 1401 den Besuchern des Würzburger Doms am Tag des heiligen Kilian und den beiden nachfolgenden Tagen erteilte, sind zwar die Reliquien nicht erwähnt, aber Lorenz Fries fügt in seinem Bericht darüber von sich aus an, daß dieser vollkommene Ablaß all denen zugedacht sei, die »das Heiltum daselbst sehen würden«. Nicht so sehr der päpstliche Ablaß war ausschlaggebend, sondern der Glaube an die von den Reliquien ausgehenden Gaben des Heiligen Geistes, die das Auge aufnehmen könne, damit sie der Seele zugute kommen. Die Reformation hat diesen Glauben zunächst weitgehend zerstört, und zwar nicht nur beim einfachen Volk. Es ist daher nicht verwunderlich, wenn 1550–1572 die Heiltumsweisung gänzlich unterblieb, zumal im Markgräflerkrieg 1553 die silbernen Reliquienbüsten der drei Frankenapostel und andere silberne Heiligenfiguren, Kleinodien und Kirchengeschmeide des Doms und der Klöster eingeschmolzen und zu Münzen verarbeitet worden waren.
Gegen Ende des 16. Jahrhunderts ließ das Neumünsterstift dann von einem Nürnberger Goldschmied einen neuen Kiliansschrein anfertigen; er wurde erstmals bei der Karsamstagsprozession

1594 mitgetragen. Der 1625 in Würzburg erschienene Katechismus des Jesuiten Georg Vogler enthält den »Ruf zum heiligen Kilian«: »Wir rufen an ...«. Doch der Dreißigjährige Krieg war der Kiliansverehrung abträglich. Sie wird erst unter Johann Philipp von Schönborn 1654 wieder in Schwung gebracht. Seine Nachfolger begehen dann die Kiliansoktav mit der ganzen Prachtentfaltung, zu der das »goldene Zeitalter« Würzburgs fähig war. Ignaz Gropp beschreibt sie: »Die größte Solennität dieses Festes ist in dem Collegiat-Stift Neu-Münster und dem hohen Domb-Stifft. In dem ersten wird die Grab-Statt der H. H. Martyrer schönstens ausgezieret und mit vielen Wachs-Lichtern bestecket, welchen die Andacht des Volcks noch mehrer beysetzet ... Gemel(de)te Grab-Statt wird aus dem hohen Domb-Stifft in einer sehr prächtigen Procession von sämtlichen dessen Stiffts-Herrn und großem Gefolg des Volcks mit dem Hochwürdigsten GUT von Seiner Hochfürstl. Gnaden oder Dero Tit. Herrn Weyh-Bischoffen besuchet. Nach verricht(et)er dieser Andacht wird das hohe Ambt in gemel(de)ter Collegiat-Kirchen von Tit. Herrn Dechanten gehalten: da indessen die Privat- oder Still-Messen bey der Grabstatt beständiglich fortgelesen werden. Der Zulauff des Volcks sowohl aus der Stadt als auch von dem Land, welches diesen Tag hindurch die Grab-Statt andächtiglich besuchet, ist ungemein groß. Solche Besuchung währet durch die gantze Octav. Man sihet täglich die Priester bey der Heil. Grabstatt stehen und das heiligste Meß-Opffer verrichten, welches entweder aus Verlöbnuß oder einer anderen Andacht von den Christglaubigen so vielfältig verlanget wird, daß deren Priester einer auf den anderen muß warten, dennoch öffters zur Grabstatt nicht alle gelangen können ...«
Nicht minder prächtig ist, was er in diesem Zusammenhang über die Feierlichkeiten im Dom zu berichten weiß.
Doch bald kam die Aufklärungszeit und mit ihr ein erneuter Niedergang der Kilianswallfahrt. Schließlich wurde das Hochstift

Rückkehr der während des Krieges nach Gerolzhofen ausgelagerten Reliquien in die Bischofsstadt Würzburg in dem Schrein von Josef Amberg.

Würzburg von der Säkularisation verschlungen. Interessanterweise waren es hauptsächlich Bewohner der Teile des alten Bistums, die durch die Neuordnung der politischen Verhältnisse von Würzburg getrennt und badisch oder württembergisch geworden waren, die dem heiligen Kilian unentwegt die Treue hielten. Doch die Prozessionen waren verboten; man kam einzeln. Man muß sich, was den Zulauf am Kilianstage in der ersten Hälfte des 19. Jahrhunderts anbetrifft, einen Konkurs vorstellen wie den zur Augustinerkirche am Ritafest in unseren Tagen. Die Häupter der Heiligen waren verschollen und wurden erst 1849 wiederentdeckt. Man ließ für sie ein neues Reliquiar anfertigen und trug sie am 8. Juli 1850 zum erstenmal wieder in feierlicher Prozession zur Neumünsterkirche. Ein Zeitgenosse bezeichnet diesen Tag als »Tag des Wiederauflebens katholischen Bewußtseins und katholischer Entschiedenheit in Franken«.
Einen weiteren Höhepunkt brachte das 1200jährige Kiliansjubiläum im Jahre 1889 mit einem reichhaltigen religiösen und weltlichen Programm. Dann wurde es wieder etwas ruhiger bis zum Aufschwung 1935, der bis in die Jahre nach dem Zweiten Weltkrieg anhielt. »Leider ist vieles von der alten Herrlichkeit dieses festlichen Tages verschwunden«, klagte Franz Oberthür 1825. Wir müßten in diese Klage einstimmen, wenn wir nicht wüßten, daß auch die Kilianiwallfahrt dem Auf und Ab unterworfen ist, das alles Zeitliche beherrscht. Wird sie wieder werden, was sie einstmals war? Wir haben es in der Hand!

Zu den Höhepunkten des Jubiläumsjahres 1989 zählte die Einholung der Reliquien von der Festung Marienberg in den Dom am Abend des 13. Mai zum Abschluß der Reliquienprozession durch die gesamte Diözese.

Kilians-Festspiele im Licht der Geschichte

Erik Soder von Güldenstubbe

Häufig ist die Geschichte vom Leben, Wirken und Tod der Frankenapostel in dichterischer Weise dargestellt worden. Legenden, Gedichte, Lieder und Erzählungen entstanden in großer Zahl. Besonders fühlten sich Dichter und Schriftsteller bewegt, den Stoff in Theaterstücken oder Singspielen zu gestalten. Fast immer griff man dabei auf die beiden Passionsberichte über St. Kilian zurück, die im achten und neunten Jahrhundert entstanden sind. Das erste Mal erfahren wir von einem solchen Theaterstück in den tagebuchartigen Aufzeichnungen des gebildeten Würzburgers Adam Kahl, der zum 11. Juli 1570 vermerkt: »Die Jesuiter ein tragediam de sancto Kiliano agirt«.

Es war also kurz nach dem Kiliansfest am 8. Juli, da die Jesuiten in Würzburg eine Tragödie über den heiligen Kilian aufführten. Von den Jesuiten ist bekannt, daß sie in ihren Schulen und Seminaren gerne und oft Theater spielen ließen. Die lehrreichen Stücke, oft in der lateinischen Schulsprache, gehörten zum festen Bestandteil ihrer Erziehungsmethoden. Es ist nicht bekannt, ob die Jesuiten damals auf eine ältere Vorlage eines Kilian-Schauspiels zurückgreifen konnten, möglich wäre es immerhin. Falls eine solche Vorlage nicht existierte, wäre es um so bemerkenswerter, daß die Jesuiten, die zwei Jahre zuvor erst ihr Kolleg in Würzburg errichten konnten, bereits 1570 ein Stück aus Frankens alter Geschichte aufgriffen und gestalteten. Sicher hat es in der Folgezeit öfters Aufführungen der Schüler am Jesuitenkolleg mit diesem Thema gegeben. Wir wissen aber nicht mehr viel davon, besonders weil eine große Sammlung von Theaterprogrammen der beiden Jesuitenkollegien in Würzburg und Aschaffenburg am 16. März 1945 verlorenging. Die Besitzerin der Sammlung, Frau Kees, starb im Altersheim am Ludwigskai in Würzburg als Opfer des Bombardements.

Wir haben dafür die Nachricht, daß die Jesuiten 1653 in Bamberg ein Theaterstück an ihrer dortigen Schule aufführten mit dem Titel »Conversa Franconia sive Labor, Fructus et Martyrium sancti Kiliani, primi Franciae Orientalis Episcopi et sociorum eius Colonati ac Totnani, Martyrum«, zu deutsch: »Das bekehrte Frankenland, oder Arbeit, Frucht und Martertod des heiligen Kilian, des

ersten Bischofs von Ostfranken und seiner Gefährten, der Martyrer Kolonat und Totnan.«
Am 2. Mai 1735 wurde ein anderes Stück in Würzburg uraufgeführt, von dem sich der gesamte Text in einer Handschrift des Historischen Vereins von Unterfranken und Aschaffenburg erhalten hat. Das Stück studierte der Magister Philipp Friederich ein, und zwar mit der Abschlußklasse des Würzburger Jesuitengymnasiums. Dem barocken Stilgefühl entsprechend trug auch dieses Drama einen weitausholenden lateinischen Titel, der übersetzt lautet: »Gosbert, Herzog und Fürst von Ostfranken infolge des gottlosen Anstiftens der Gailana ausgezeichnet mit dem ruhmwürdigen Lorbeer für den christlichen Glauben«. Es war ein phantasievoll ausgeschmücktes, figurenreiches Drama.
Ein Drama, das am 30. September 1738 in Würzburg aufgeführt wurde und vom oströmischen Justinus handelt, spielt im Prolog und in den Zwischenchören auf die Missionierung Ostfrankens, des heutigen Mainfrankens, an. Auch hier standen die Passionsberichte über St. Kilian Pate. Das Vorspiel spricht von der Abschaffung des Kultes der Heidengöttin Diana und von der Einführung der Religion unter dem Frankenherzog Gosbert. Im ersten Zwischenspiel des Chores versucht der wiedererstarkte Heidenglaube die christliche Religion durch den Tod Kilians, seiner Gefährten und des Herzogs Gosbert zu vernichten. Im zweiten Zwischenspiel wird das Christentum gegen den Irrglauben verteidigt.
An vielen Orten, an denen Jesuiten tätig waren, sind schon früher Schuldramen über Kilian geschrieben und aufgeführt worden. Bekannt wurden zum Beispiel das Trauerspiel »Gosbertus Franconiae Dux«, 1694 in Landsberg, 1720 ein Kiliansstück im oberpfälzischen Amberg, 1723 in der Bischofsstadt Eichstätt, 1726 im schweizerischen Pruntrutt, wo der Bischof von Basel residierte, 1728 in Neuburg an der Donau.
Unter dem kunstsinnigen Fürstbischof von Bamberg und Würzburg, Friedrich Karl von Schönborn, der von 1729–1746 regierte, entstand ein zweisprachiges Oratorium. Die Texte dazu schrieb der Bamberger Philipp Adam Ulrich, der Italiener Giovanni Benedetto Platti (1697–1763), Musiker am fürstbischöflichen Hof, komponierte die Singweisen und führte das Tondrama mit seiner Schauspielerschar auf. Es trug den Titel: »Christliches Frankenland oder Leben und Martyrium des hl. Kilian«. 1768 kam unter ihrem Leiter Peter Franz Ilgner eine Schauspielertruppe nach Würzburg, die beim ehemaligen Ochsentor in der Nähe des Alten Kranen eine Bretterbude aufschlug und dort ihre Künste darbot. Neben anderen Werken, so von Gellert und Goldoni, führten sie ein Trauerspiel »Kilianus« in fünf Akten auf. Die Uraufführung fand am 7. Januar 1769 statt. Verleger Stahel druckte kurz darauf das Textbuch, worin der Herzog Gosbert folgende Worte spricht: »Ihr aber, edle Franken, vergesset zu keiner Zeit jene unschätzbaren Guttaten, die Ihr von diesen großen und fürtrefflichen Männern Kilian, Kolonat und Totnan erhalten habt«.
Auch im 19. Jahrhundert entstanden weitere Dramen. 1822 erschien in Würzburg »Kilian, ein dramatisches Gedicht in fünf Aufzügen«, verfaßt von Nikolaus M. Knecht. Zum Kilian-Jubiläum 1889 verfaßte der dichterisch begabte Staatsarchivrat Dr. August Schäffler »Die Legende vom hl. Kilian in zehn lebenden Bildern«. Die beiden Würzburger Komponisten Valentin Eduard Becker und Simon Breu schrieben dazu die Begleitmusik und komponierten die Gesangsstücke.
Der Dichter Max Dauthendey gestaltete die Legende, in der es um die Christianisierung des Frankenlandes ging, mit deutlicher Sympathie für die Titelheldin seines Dramas: »Die Heidin Gailane. Die Kilianstragödie«. Es erschien 1912 im Münchner Verlag Langen, wurde dort im bayerischen Staatstheater aufgeführt, bisher aber noch nicht in Franken. O. Handwerker gibt den Inhalt kurz wieder: »... Hoheitsvoll, ernst, milde und stark zugleich ist der heilige Bekenner gezeichnet, aber die tragischste Figur, der Mittelpunkt des Dramas, ist in interessanter Problemstellung die Herzogin Gailane, das liebeheiße und hochgemute Weib, das mit männlichem Mute um den Besitz des Gatten, um sein Haus und seine alten Götter kämpft, schließlich der Verzweiflung nahe in Abwesenheit des Gatten zur Mörderin wird und dann, um dem siegreich zurückkommenden Herzog Land und Volk zu erhalten, sich selbst dem Untergang preisgibt«.
Die menschliche Tragödie im Zusammenprall zweier Weltanschauungen und Gesetzeswelten wird in der tondramatischen Ballade »Die Herzogin Gailane« von August Diehl, uraufgeführt im Würzburger Stadttheater 1938, inszeniert von Erich Vierlinger, erneut aufgegriffen. Die weltanschauliche Tendenz der damals vom Nationalsozialismus beherrschten Zeit wird darin spürbar. »Germanischer Schicksalsglaube und christliche Vorsehung treffen aufeinander, der Faden der dunklen Nornen und die Führung durch den Schöpfer Gott und Vater der Schöpfung. Der Einsatz des Lebens ist von beiden verlangt (gemeint sind hier Gailana und Kilian), das Schicksal aber bleibt (im Drama) den Nornen anheimgestellt«, schrieb Anton Maxsein in einer Besprechung des Diehlschen Stückes. Der Konflikt in diesem Stück wird vorder-

gründig nicht so sehr vom Christentum als solchem geschürt, sondern vom strengen, unerbittlichen Verhalten Kilians. Maxsein spricht weiterhin bei all seiner positiven Zeichnung des Werkes davon, daß »das geistige Gewicht besonders auf seiten des Priesters« nicht erschöpfend herausgestellt wird, »so wie die Debatte über Sünde und Schuld nicht zur Klarheit reift« (Fränkisches Volksblatt, 18. März 1939). Die Musik zu Diehls Ballade schrieb der Münchner Komponist Gottfried Rüdinger. Mehr populären Charakter hatte das dramatische Schaffen von Joseph Balduin Kittel, der bereits vor dem Ersten Weltkrieg Volksfestspiele für Kiliani geschrieben hatte, so unter anderem »Unser Lieben Frauen Berg, sieben Bilder aus Würzburgs Geschichte«, wovon das erste Bild »Gallena« die Kiliansgeschichte behandelte. Bei dessen Uraufführung war der Prinzregent, der spätere letzte bayerische König Ludwig III., anwesend.

Beim ersten Fränkischen Dichtertag 1926 in Würzburg machte der Oberbürgermeister Dr. Löffler ein Preisausschreiben der Stadt bekannt, das jeder spielbaren Dramatisierung der Kilianslegende galt. Unter den Preisträgern waren: der Oberspielleiter der Oper in Bremen, Hans Nikolaus Mang, aus Herrieden mit seinem Stück »Würzburger Heiligenschau«, der Nürnberger Studienprofessor Dr. Richard Ledermann mit »Kilianslegende«, Studienrat Falkenmaier, der ein gleichnamiges Stück vorlegte, Hermann Gerstner mit »Runen und Raunen«. Stärker auf christlichem Boden als Dauthendey und Diehl standen die im Gefolge des Preisausschreibens weiterhin entstandenen Dramen, so das von Dr. Peter Schneider, dem Gründer des Frankenbundes, »Der Franke Gosbert«, das vom bekannten Mundartdichter Nikolaus Fey »Königsboten«, das von Pfarrer Ludwig Nüdling mit dem Titel »Kiliani Frankenfahrt, ein Würzburger Legendenspiel mit einem Vorspiel auf der Insel Iona«. Nüdling war auch der Verfasser des heute noch gespielten Volksstückes »Die Schutzfrau von Münnerstadt«. Schließlich entstand nach eigenem Bekenntnis in Griechenland »St. Kilian. Ein deutsches Heimatspiel in drei Bühnenbildern« vom seinerzeit bekannten Professor für Moraltheologie in Würzburg, Ludwig Ruland. Die Musik dazu komponierte der Jesuit Ludwig Bonvin: »Möge es dem Stücke zur guten Vorbedeutung gereichen, daß es beinahe – auf dem Parnaß selber das Licht der Welt erblickt hat. In Athen habe ich mir eine deutsche Zeitung gekauft, in der von dem Preisausschreiben der Stadt Würzburg berichtet war. In den Olivengärten des Klosters Kaisariani sind die ersten Teile geschrieben, auf dem Schiffswege um den Peloponnes nach der Insel Korfu wurde es vollendet.« Dieses

Auffindung der Reliquien und Verklärung der Märtyrer. Illustration zu einem Kiliansspiel in zehn lebenden Bildern aus der Jubiläumschronik von 1889.

Stück dürfte auch bis jetzt das einzige Kiliansdrama sein, das ins Englische übertragen und sogar in Amerika gespielt wurde.
Nüdlings Werk wurde 1925 und 1926 auf dem Neumünsterplatz aufgeführt, wie das von W. Greiner gestaltete Plakat kündet, 1948 und 1949 auch in Karlstadt durch die katholische Jugend unter Mithilfe von Männergesangverein und Kirchenchor. Das Stück von Nikolaus Fey kam 1930/31 im Hof des Bürgerspitals Würzburg zur Aufführung, leicht bearbeitet nochmals 1962 im Dom unter dem Protektorat von Bischof Dr. Josef Stangl. Auch das »Legendenspiel St. Kilian« von W. Schnatz aus den dreißiger Jahren wurde nach 1950 in der Würzburger Franziskanerkirche dargeboten.
Von hoher dramatischer Wirkung war das 1952 in der Frankenhalle uraufgeführte Werk von Alo Heuler »Die Entscheidung«, ein Problemstück, das dem Geist des philosophischen Existentialismus verpflichtet ist. Zu diesem Schauspiel schrieb Domkapitular Theodor Kramer das Begleitwort. Dessen Schlußsatz lautet: »Kilian, aus der Glut seines Glaubens und der Klarheit seines Gewissens heraus, Blutzeuge Christi, wird dem ringenden Herzog Helfer in der Entscheidung seines Gewissens.« Mehrfach mit der Figur Kilians hat sich auch der schreibgewandte Pfarrer Paul Mons beschäftigt. 1955 wurde sein Drama »Feuer aus Irland« uraufgeführt.
Die Dichtungen, die sich mit St. Kilian beschäftigen, können auch dem Zeitgenossen helfen, sich seiner eigenen christlichen Tradition bewußter zu werden, das Gewissen zu schärfen sowie Glaubensüberzeugung und Lebensführung zu überprüfen.

Kiliansspiel 1989: In dem Sprechoratorium „Kilena" von Armin Hackl setzten sich junge Menschen beim Kilianstreff der katholischen Schulen am 11. Juli 1989 mit Leben und Person des heiligen Kilian auseinander.

Die Kilianimesse in der Bischofsstadt Würzburg

Hans Dünninger

Der fränkische Geschichtsschreiber P. Ignaz Gropp schreibt in seiner 1738 erschienenen Lebensbeschreibung des heiligen Kilian: »Endlich gereichet auch zur Verherrlichung und Ausbreitung der Ehr unser Heil. Patronen der grosse Jahr-Marck, oder sogenannte Kiliani-Meß, welche unter anderen der Stadt Wirtzburg die grösseste und vornehmste ist, und von dem Kiliani-Fest an durch drey folgende Wochen anhaltet.« Ein Satz, der auch nach 250 Jahren seine völlige Gültigkeit besitzt, obwohl so vieles sich geändert hat in dem dazwischenliegenden Zeitraum. Die Kilianimesse, die säkulare Komponente der kirchlichen Feiern, hat an Attraktivität nichts eingebüßt; man wird sogar behaupten können, daß ihr eine nicht unwesentliche Bedeutung für die Kontinuität des Kilianifestes zukommt.

Über die Anfänge dieses Jahrmarkts allerdings ist nur sehr wenig bekannt. Es liegt dies vermutlich daran, daß Selbstverständliches im allgemeinen nicht aktenkundig wird. Selbstverständlich aber war es vom frühen Mittelalter an bis an die Schwelle unserer Zeit, daß Kirchen an den Tagen ihrer Hochfeste von Verkaufsbuden umlagert waren: Händler aus nah und fern nutzten die Gelegenheit aus, die sich ihnen durch das Zusammenströmen von Volksmassen bot, und kamen somit den Bedürfnissen der Besucher entgegen. So sieht es auch Magister Lorenz Fries († 1550): »Etliche nahe gesessene, und sonderlich die von Adel, haben im jahr zu zeiten der hohen fest und auf andere heilige tage, offtmahls dahin gewallet, und den heiligen Kilian mit ihrem gebet und opffer heimgesucht, die alle zuvor und ehe sie wieder abgezogen, ihre nothdurfft zur haußhaltung daselbst von den fremden und eingesessenen krämern, häckern und handwercksleuten kaufft, und bey den wirthen gezehrt.«

Doch ist es richtig, wenn er diese Feststellung nicht speziell auf die Entstehung der Kilianimesse, sondern allgemein auf das Aufblühen von Handel und Gewerbe in der Stadt bezieht. Die ursprünglichen Grundrisse der meisten Häuser im Bereich Domstraße, vordere Karmelitenstraße, Schustergasse und Kürschnerhof lassen darauf schließen, daß dort zunächst Krambuden standen, die sich nach und nach verfestigten und in die Höhe wuch-

Volksfest auf dem Sanderrasen in Würzburg bei der 1200-Jahr-Feier 1889; Illustration aus der Festchronik von J. B. Stamminger.

sen. Wer im Schatten der Kirche sein Auskommen zu finden hoffte, ließ sich dort nieder; eines Jahrmarkts bedurfte es noch nicht. Der engere Bereich zwischen Dom – Neumünster und Main war gewissermaßen ein dauernder Handelsmarkt, der den Anstürmen an den kirchlichen Hochfesten gewachsen war. Erst nach der Jahrtausendwende scheint ein Wandel eingetreten zu sein, der Bischof Meginhart I. veranlaßte, an Konrad II. mit der Bitte heranzutreten, eine alljährlich abzuhaltende Messe zu erlauben. Diesem Wunsch kam der Kaiser im Jahre 1030 entgegen. Der Ausstellungsort der betreffenden Urkunde liefert möglicherweise den Schlüssel zu der Frage, weshalb sich der Bischof zu seinem Wunsche veranlaßt sah: Bamberg.

Es war noch keine 25 Jahre her, daß das Bistum Bamberg begründet worden war; das Würzburger Bistum hatte dadurch Einbußen erlitten, die man möglicherweise für einen wirtschaftlichen Rückgang verantwortlich machte. Dabei gilt zu bedenken, daß die Diözesanen damals noch verpflichtet waren, einmal im Jahr an Pfingsten, Domkirchweihe oder am Kiliansfest in feierlicher Prozession in Würzburg zu erscheinen. Wenn nun die Bewohner der an Bamberg abgetretenen Gebiete ausblieben, mußte sich dies negativ auf das Wirtschaftsleben der Stadt auswirken.

Konrad II. bestätigte Meginhart ältere Rechte der Würzburger Bischöfe und gestand die Abhaltung eines Jahrmarkts zu, der alljährlich vom 17. bis 24. August stattfinden und unter besonderem kaiserlichem Schutz stehen sollte. Später verlegten die Bischöfe diese Messe auf die Oktav von Kiliani und nahmen dafür das Privileg von 1030 in Anspruch, nicht aber für die Mittfasten-(»Frühjahrs-«) und Allerheiligenmesse. Am Vortage des Kilianifestes – später am ersten Tag des Monats Juli – wurde die Messefreiheit an verschiedenen Stellen der Stadt feierlich ausgerufen und dann an den Stadttoren angeschlagen. Sie erstreckte sich auch auf Landesflüchtige, Missetäter und so weiter, denen sonst das Betreten der Stadt untersagt war, beziehungsweise hätte gefährlich werden können. Außerdem schloß sie das freie Geleit für die Messebesucher ein.

Wann die Terminverlegung vorgenommen wurde, entzieht sich unserer Kenntnis. Da im 13. Jahrhundert die erwähnten Pflichtprozessionen zur Bischofskirche mehr und mehr in Abgang gekommen zu sein scheinen und man im 14. Jahrhundert wiederholt den Versuch unternahm, sie wieder einzuführen, wird man in der Annahme nicht fehlgehen, daß die Verlegung der Messe mit den von der zweiten Hälfte des 14. Jahrhunderts an spürbar werdenden Bemühungen um eine größere Attraktivität des Kilianifestes in Verbindung zu bringen ist.

Obwohl nach der Säkularisation die Messefreiheit nicht mehr ausdrücklich proklamiert wurde, konnte C. Scharold noch 1805 schreiben: »Die fremden Handelsleute und Krämer dürfen zur Meßzeit ihre Waren sowohl in den öffentlichen Buden auf der Domgasse und dem Kürschnerhofe, als auch in anderen Läden der Stadt ungehindert feil haben, auch solche in die Häuser und auf Straßen herumtragen und öffentlich ausrufen. Früher als die Messe anhebt, oder später als sie aufgehört hat, ist den Fremden jedes Feilhaben und Verkaufen der Waaren bey Strafe verboten. Die hiesigen Messen werden meistens von Nürnberger, Schweinfurter, Bayreuther, Fürther, Augsburger und einigen französi-

schen und italienischen Kaufleuten bezogen.« Er schließt daran eine Klage an, daß das Kaufinteresse recht gering sei: »Oft sieht man auf der Domgasse und dem Kürschnerhofe, wo die Meßbuden aufgerichtet sind, außer den Spaziergehenden, kaum einige Käufer.« Dies hing wohl nicht zuletzt mit dem wirtschaftlichen Niedergang zusammen, den die Säkularisation in den vormaligen Geistlichen Staaten hervorgerufen hatte. Freilich wird man dabei auch nicht vergessen dürfen, daß bereits die Aufklärung dem kirchlichen Festwesen tiefe Wunden geschlagen hatte.

In der zweiten Hälfte des 19. Jahrhunderts verlegte man die Jahrmärkte, darunter auch die Kilianimesse, auf die Juliuspromenade. Den Besitzern der Häuser auf der Domstraße und dem Kürschnerhof, die bis dahin das Recht hatten, in der Messezeit vor ihren Häusern Buden aufzuschlagen und zu vermieten, gestand man dies zunächst auch am neuen Standort zu. Den Schaustellern wurden der Ochsenplatz und der Kranenkai zugewiesen, dem »Häfelesmarkt« der Mainkai beziehungsweise die Neubaustraße. In der Folge hat sich dann der Vergnügungspark, das »Kilianivolksfest«, mehr und mehr verselbständigt. Zum erstenmal scheint es im Jahre 1889 auf dem Sanderrasen abgehalten und nach dem Muster des Münchner Oktoberfestes gestaltet worden zu sein. In dieser Form wechselte es zwischen den beiden Weltkriegen zum linken Mainufer über, wo sein Standort zwischen der Alten Mainbrücke und der Luitpoldbrücke (heute: Friedensbrücke) war. Nach dem Zweiten Weltkrieg wies man ihm zunächst wieder den Sanderrasen, dann das linke Mainufer, nach dem Ausbau der Schiffahrtsstraße und der Leonhard-Frank-Pro-

Zu Kiliani gehört in guter fränkischer Tradition das Wallfahrten und Beten genauso wie das Feiern im Festzelt auf dem Kiliani-Volksfest, wo unser Bild am Tag der ausländischen Mitbürger während der Wallfahrtswochen 1989 entstand (oben links).

Auch im Festzelt ist die Kirche präsent: Beim Anstich des ersten Fasses mit Festbier durch Weihbischof Helmut Bauer und Oberbürgermeister Dr. Klaus Zeitler (oben), wie auch bei der Eucharistiefeier für die Schausteller.

menade schließlich das Gelände des früheren Hofgutes Talavera zu. Die dort aus dem Brandschutt von 1945 entstandene Uferterrasse bildet im Zusammenhang mit den ebenfalls aufgeschütteten Talaverawiesen, die seit 1950 für die »Mainfranken-Messe« genutzt werden, ein ideales Messegelände, so daß man annehmen durfte, daß damit der Standort der Kilianimesse auf längere Zeit hin gesichert sei. Aber im Zusammenhang mit der Landesgartenschau 1990 war im Jubiläumsjahr 1989 eine abermalige Verlegung des Standortes nötig, wenngleich nur um einige hundert Meter in Richtung auf den Main zu.
Doch auch die Verkaufsmesse (»Budenmesse«) mußte nach 1945 wiederholt ihren Schauplatz wechseln: durch den Ausbau der unteren Juliuspromenade zu einem Parkplatz wurde sie auf den Marktplatz verdrängt. Während der Bauarbeiten für die Tiefgarage unter dem Marktplatz mußte sie auf den Kiliansplatz ausweichen. Nun ist sie wieder auf den Markt zurückgekehrt und somit in die unmittelbare Nähe jener Stadtregion, in welcher sie vor fast 1000 Jahren entstanden ist.

Sogar beim Abschlußfeuerwerk des Kiliani-Volksfestes tauchte die Zahl 1300 an den Weinbergsmauern unterhalb der Steinburg auf.

Das Kiliansjubiläum vor hundert Jahren

Hanswernfried Muth

Mit der Säkularisation des Hochstifts Würzburg war 1803 auch die barocke Pracht des alljährlichen Kiliansfestes dahingeschwunden. Professor Franz Oberthür klagte 1825: »Verschwunden ist mit der hierarchischen Dynastie des Landes die alte Herrlichkeit dieses Nationalfestes der Franken, als eine Zeit gekommen, wo man es den Franken übel zu nehmen schien, daß sie sich mit dem ehrenvollen und geliebten Namen ihres Stammesvolkes nannten.« Man wußte nicht einmal mehr, wo die Schädelreliquien der Heiligen verblieben waren.
Dennoch konnte man erste Ansätze einer erneuerten Tradition aufnehmen, als in Würzburg das 1200jährige Gedenkjahr vorbereitet wurde. Vom Bischöflichen Ordinariat war zunächst an eine rein kirchliche Feier gedacht. Am 7. Juli 1888 berichtet das »Fränkische Volksblatt« über die »Statuen der drei Frankenapostel« – gemeint sind die im besten Sinne volkstümlichen, 1945 dann verbrannten Büsten von Riemenschneider, die bis 1831 auf dem Hochaltar des Domes standen –, die nun »auf Anregung des hochw. Herrn Domkapitulars Schorck neu gefaßt sind und einen herrlichen Schmuck der restaurierten Kiliansgruft bilden werden«. Der Artikel schließt: »Bekanntlich soll im nächsten Jahr das 12. Centennarium des Martyrertodes der Heiligen feierlich begangen werden, und gewiß wird die gesamte kath. Bevölkerung Unterfrankens, soweit es an ihr liegt, schon jetzt dafür sorgen, daß dieses Fest zu einer der großen Heiligen und der Katholiken Unterfrankens würdigen Feier sich gestaltet.« In ähnlichem Sinn erinnert im August 1888 die gleiche Zeitung an das bevorstehende Ereignis. Vom Domkapitel seien bereits Vorbereitungen getroffen: das Festjahr solle mit einer Volksmission eingeleitet werden.
Am 20. Januar 1889 gab Bischof Franz Joseph Stein in einem Hirtenwort eine »geistige Wegweisung« für das Jubiläumsjahr. Aktuelle Probleme der Zeit werden am Schluß dieses Hirtenbriefes angesprochen, in dem der Bischof mahnt: »... seid in wahrhaft brüderlicher Liebe Allen zugethan, mit welchen zusammen Ihr die kirchliche Pfarrgemeinde bildet. Wetteifert miteinander in den Werken der Gottseligkeit und der christlichen Barmherzigkeit, er-

tragt Euch gegenseitig in Geduld und wahret allezeit die Einigkeit in der Kirchengemeinde, indem Ihr die Spaltungen fernhaltet. Die Einheit der katholischen Kirche auf Erden wird in ihrem obersten Hirten zu Rom so recht zum sichtbaren Ausdruck gebracht, wie sie auch durch ihn dauernd gehütet wird. Stehet immer treu zu dem allgemeinen geistlichen Vater der Christenheit, höret gerne und in Demuth seine Stimme und bewährt Euere aufrichtige Anhänglichkeit an ihn durch fortgesetztes herzliches Gebet für ihn und durch andere Liebeswerke. Ihr wisset ja, daß gerade in der Gegenwart die Kümmernisse und Bedrückungen, unter denen der hl. Vater seufzet, gar viele und harte sind.« Diese Worte erinnern an die Auflösung des Kirchenstaates, die den Papst zum »Gefangenen im Vatikan« machte. Die Warnung vor Spaltung wird wohl im Blick auf die altkatholische Bewegung als Folge des Unfehlbarkeitsdogmas ausgesprochen worden sein.
Ein weiterer Hirtenbrief lud die Katholiken der Stadt Würzburg zu einer Volksmission ein, die vom 17. bis 25. März im Dom, in Stift Haug und in St. Peter abgehalten wurde. Prediger und Beichtväter waren Patres des Kapuzinerordens, da – wie Domkapitular Renninger in seinem Bericht schreibt – »die Väter der Gesellschaft Jesu jetzt das bittere Brod der Verbannung essen« – noch galten für Jesuiten und Redemptoristen die Verbote und Ausweisungsgesetze der Kulturkampfzeit.
Spät erst besann man sich auf die Vorbereitungen weltlicher Feiern. Ende Januar 1889 wird von dem Plan eines Volksschauspieles berichtet, das auf Betreiben der Gastwirts-, Metzger- und Bäkkerinnung aufgeführt werden soll. »Herr Reichsarchivar Dr. Schäffler« sei dessen Textautor, dem vorbereitenden »provisorischen Comité« gehörten unter anderen »Bürgermeister Steidle und Hofrath Dr. Rosenthal« an. Die personelle Zusammensetzung dieses Komitees führte zu erbitterten Auseinandersetzungen, die sich in mehreren Presseberichten widerspiegeln und die schließlich zu dessen Auflösung führten.
In dieser Situation ergriffen dreizehn Vereine, Gesellschaften und Korporationen die Initiative. Ein neues Komitee wurde begründet. Es fällt auf, daß in diesem keine staatliche Institution, kein Vertreter der Stadt mehr genannt wird; auch die Kirche war nicht als Institution vertreten: zwei Geistliche werden lediglich in ihrer Funktion eines Vereinsvorstandes genannt. Beschlossen wurde ein umfangreiches Festprogramm, dessen Finanzierung durch eine öffentliche Sammlung sichergestellt werden sollte. Zehn Prozent dieser »Kiliansspende« sollten den Stadtarmen zugute kommen, ein etwaiger Überschuß zur Instandsetzung und zum Unterhalt der Kiliansgruft verwendet werden. In diesem Sinne wandte sich der Festausschuß anfangs April an die Bevölkerung Würzburgs. Bereits am 20. April konnte das Komitee mitteilen, daß 7400 Mark eingegangen seien; man hoffe, im ganzen 10 000 Mark zu erhalten. Am 11. Mai wurde Prinzregent Luitpold zur Feier eingeladen. Unter Hinweis auf die Landestrauer – die Königinmutter Marie starb am 17. Mai 1889 – entschuldigte der Prinzregent sein Fernbleiben, ließ aber gleichzeitig 1000 Mark für die Kiliansspende überweisen.
Natürlich suchte auch gesunder Geschäftssinn an der Jubiläumsfeier zu partizipieren. Je näher der Kilianstag rückte, um so nachdrücklicher werden in den Tageszeitungen die diesbezüglichen Offerten. Neben diversen Publikationen werden das Festprogramm, das Textbuch der »Lebenden Legendenbilder«, die Ordnung der Reliquienprozession, Andenkenbilder und Medaillen in verschiedenen Ausführungen angepriesen. Der Gasthof »Zum Falken«, der »Württembergische Hof« – ebenfalls am Oberen Markt gelegen – empfehlen sich auch größeren Gruppen als Speiselokale; in der Martinsgasse bietet das »größte und schönste Weinlokal der Stadt« während der Festtage »Kilianus-Kirchweihkrapfen« an. Im »Siebolds-Keller« und im »Deutschen Hof« kommen Spezial-Festbiere zum Ausschank. Das Hutgeschäft Bätz offeriert »Fest-Hüte« zur Erinnerung an das St.-Kilians-Jubiläum mit Bild und Inschrift je nach Qualität für drei und fünf Mark, Carl Schlier – damals nur in der Schustergasse zu finden – »St.-Kilians-Jubiläums-Taschentücher mit stilvoller Zeichnung à 30 Pf. Wiederverkäufer-Rabatt«. Kein Wunder, daß das bischöfliche Ordinariat fürchtet, der religiöse Charakter der Festtage möge gänzlich zurücktreten.
Trotz der anfänglichen Startschwierigkeiten wurde das Kiliansjubiläum – wie es Hans Dünninger formuliert hat – »ein geistlich-weltliches Volksfest, wie es nur im Bayern jener Zeit denkbar ist: frisch, fromm, fröhlich, frei«. Am Abend des 6. Juli, es war ein Samstag, wurde mit einem halbstündigen Geläut aller Glocken Würzburgs das Jubiläum eröffnet. Die kirchliche Feier beschränkte sich an diesem Tag auf eine Betstunde im Dom und eine Andacht im Neumünster. Diese Abendandachten im Neumünster fanden während der ganzen Festoktav statt. Sie waren

Titelblatt aus der Festchronik von J. B. Stamminger zur 1200-Jahr-Feier der Mission und des Martyriums der Frankenapostel im Jahr 1889 (rechts).

Fest-Chronik

des 1200jährigen St. Kilians-Jubiläums

Erscheint in 6—8 Nummern, die Nr. zu 20 Pfg. für die Abonnenten und zu 25 Pfg. im Einzelkaufe.

Nr. 1.
Würzburg, 29. Juni 1889.

Bestellungen nehmen entgegen alle Buchhandlungen, sowie die Expedition: Kaiserstraße.

mit einem Predigtzyklus verbunden. Der bekannteste Kanzelredner der Reihe war Universitätsprofessor Herman Schell.
Die weltliche Festfolge wurde eröffnet mit der ersten Aufführung der »St.-Kilians-Legende in zehn lebenden Bildern«, die im Stadttheater zu sehen war. Vier Vorstellungen waren zunächst vorgesehen. Der große Beifall und ein unerwarteter Andrang gaben Anlaß, zwei weitere Aufführungen einzuschieben. Die Bilder, von Hans Sperlich gestellt, »verrathen sofort« – wie die Kritik meint – »das geübte Auge des Malers« ... der Text (von August Schäffler) schreitet »in ernsten vierfüßigen Trochäen einher, in markiger, volltönender Sprache«. Die Musik hatte Valentin Bekker, der Komponist des »Frankenliedes«, komponiert; Max Meyer-Olbersleben dirigierte den gemischten Chor der Liedertafel, Josef Reffler das städtische Orchester. Vor einer Felsenhöhle saß die allegorische Gestalt der »Legende«. Sie erzählte – im wesentlichen der ausführlicheren »Passio maior« folgend – die Vita der Heiligen und erläuterte die zehn lebenden Bilder, die von 50 Darstellern in der Tiefe der Höhle gebildet wurden. Zum Schluß

Aus Anlaß des Jubiläums von 1889 komponiert: Das Kilianslied von Behringer und Weinberger.

erklang noch das Kilianslied: »Wir rufen an den teuern Mann ...« Am gleichen Abend wurde auch die Festhalle im Alten Bahnhof eröffnet, die – ganz im Stil der Gründerzeit – der Architekt Oskar Neidert »allerliebst« dekoriert hatte. Da gab es zum Beispiel mit »Schilf gedeckte Häuschen, auf deren einem ein Storch in seinem Neste steht«; sie dienten als Kaffeehaus und Weinstube, in der ein Jubiläumswein, die Flasche zu 1 Mark 50 Pf., ausgeschenkt wurde. Es fehlte auch nicht die »Büste des Prinzregenten, von einer üppigen Pflanzengruppe umgeben«. An allen Festtagen gab es in dieser Halle Konzerte, die von den Kapellen der »Neuner« und des zweiten Artillerieregiments bestritten wurden.

Die kirchliche Feier am Sonntag, 7. Juli, beschränkte sich auf den festlichen Gottesdienst im Dom. Die Festpredigt hielt Bischof Franz Joseph Stein, das Pontifikalamt zelebrierte Bischof Ehrler von Speyer. Der Dom war »mit Andächtigen bis auf das letzte Plätzchen angefüllt«. Die Zahl der bereits am Morgen anwesenden Fremden wurde auf 18000 geschätzt. Die Hauptereignisse der weltlichen Veranstaltungen dieses Tages waren ein Corso der

Das gleiche Lied in der Version für Männerchor, ebenfalls von 1889.

Radfahrervereine – »200 kräftige, schmucke Gestalten« –, der durch die Hauptstraßen der Stadt zur Festhalle im Alten Bahnhof führte, ferner das Volksfest auf dem Sanderrasen, eine Ruderregatta sowie das Fischerstechen am oberen Mainkai, dem sich ein Feuerwerk mit einer bengalischen Beleuchtung der Festung und des Käppele anschloß, »ein wirklich feenhafter Anblick«, wie der Berichterstatter meint. Der Tag schloß mit einer besonderen Attraktion: »Seitens des bürgerlichen Brauhauses Zell-Würzburg« wurden mit Hilfe »eines Marine-Reflektors der gegen Zell zu gelegene Theil der Festung, der Steinberg und die sämtlichen Kirchtürme Würzburgs elektrisch beleuchtet«.

Bereits um ½5 Uhr in der Frühe begannen die Gottesdienste des Hauptfesttages, des 8. Juli, an denen 30000 Besucher teilgenommen haben sollen, darunter allein mehr als 300 Wallfahrer aus Walldürn. In der traditionellen Reliquienprozession wurden die Häupter der Frankenapostel vom Neumünster in den Dom geleitet. Dort fand das Pontifikalamt statt, bei dem diesmal der Bischof von Speyer die Festpredigt »über die christliche Familie« hielt. Die »Gläubigen standen dichtgedrängt die Domgasse hinunter bis zur Brücke« – so wird berichtet. Und weiter: »Während des ganzen Tages durchzog das Volk den in einen wahren Garten verwandelten Dom, um den ausgestellten Häuptern der Heiligen seine Verehrung zu erzeigen und das Evangelienbuch des hl. Kilian, welches von zwei Alumnen bewacht wurde, zu bewundern«. Den Festgästen waren auch die Kunstsammlungen der Universität bei freiem Eintritt zugänglich, damit sie dort den spätgotischen Flügelaltar mit dem Kiliansmartyrium besichtigen konnten. Ebenso hatten die Stadt und der Historische Verein, der die große Kiliansfahne aus dem Jahr 1266 verwahrte, ihre Sammlungen bei freiem Eintritt geöffnet; der Kunstverein zeigte in der Residenz eine Ausstellung zeitgenössischer Künstler.

Am Nachmittag dieses dritten Festtages fand die große Reliquienprozession statt, »der Glanzpunkt in der Feier dieses Tages«. Sechs Salutschüsse von der Festung zeigten den Auszug aus dem Dom an. Der Zug folgte dem überlieferten Weg der Fronleichnamsprozession: Über Domstraße und Karmelitengasse zur Juliuspromenade, dann durch die Theaterstraße zum Residenzplatz; von dort durch Neubaustraße und Augustinerstraße zurück zum Dom. In der Festchronik wird die Reliquienprozession ausführlich geschildert: »Es war ein farbenprächtiges Wandelbild, das vor den Tausenden und Tausenden von ein enges Spalier bildenden Zuschauern unter dem Gesang der Kilianshymne und anderer Lieder vorüberzog. Den hiesigen Innungen mit ihren zum Theil geschichtlich merkwürdigen Bannern und den verschiedenen Vereinen der Stadt hatten sich 17 auswärtige Gesellenvereine mit ihren Fahnen angeschlossen. Vor den Reliquien gingen die Orden, das Alumnat und ungefähr 80 Diözesanpriester. Das Evangelienbuch des hl. Kilian wurde auf einem rothen mit Goldfransen und Goldquasten verbrämten Samtkissen von zwei Alumnen

in rothen Chorkappen, der Schrein von vier Alumnen in rothen Dalmatiken getragen. Zwei Akolythen schwangen silberne Rauchfässer vor demselben. Es folgten sodann das hiesige Domkapitel mit den auswärtigen Domherren, die Äbte von Metten und Scheiern und die Bischöfe von Mainz, Würzburg und Eichstätt. Jene von Fulda und Speyer waren bereits abgereist. An die Professoren der theologischen Fakultät, die Gemeindebevollmächtigten und Magistratsräte schlossen sich in unabsehbarer Reihe die Bruderschaften, die Theilnehmer aus den benachbarten Pfarreien, die weiblichen Schulen und Congregationen und das übrige Frauenvolk an. Die vielen mitgetragenen Marienbilder waren von weißgekleideten Mädchen mit Blumenkränzen begleitet, der Vierzehnheiligen-Bruderschaft gingen Kinder mit Emblemen der hl. Nothelfer voran, andere trugen wieder die Sinnbilder von Tugenden usw. einher. Der Zug brauchte über eine halbe Stunde, bis er vollständig vorübergewallt war.«

Ein »Doppelfackelzug« beschloß den Tag. Vom Kaiserplatz aus zogen die katholischen Studentenverbindungen Markomannia,

Unitas, Walhalla und Normannia, vom Residenzplatz die katholischen Vereine Würzburgs zum Hof »Conti«, um den Ehrengästen des Bischofs Huldigungsadressen zu überbringen. Aktuelle Probleme der Zeit sprach bei dieser Gelegenheit der Senior der Markomannen an; eindeutig war das Bekenntnis der Studentenverbindungen zu Kirche und Papst. Besonders bei dieser Veranstaltung zeigte sich das durch den Kulturkampf geschärfte Selbstbewußtsein des deutschen Katholizismus, der alle seine Kräfte in vielfach neuen Vereinen und Korporationen zusammengefaßt hatte. Die weltlichen Feiern fanden ihr Ende mit einem großen Kellerfest im »Brauhaus vor dem Zeller Thor«, dessen Abschluß eine bengalische Beleuchtung des – noch profanierten – Klosters Oberzell bildete. Die kirchlichen Veranstaltungen klangen am Oktavtag mit einer Predigt über Bedeutung und Segen des Festes aus.

In die allgemeine Festfreude mischte sich ein unschöner Mißklang, als der »Fränkische Kurier« ausgerechnet während der Jubiläumstage und, wie er vorgab, »im Interesse geschichtlicher Wahrheit« ein längst widerlegtes Gerücht aus dem Jahr 1848 wieder aufgriff. Damals ging in Würzburg das Gerede, in der Anatomie seien drei menschliche Schädel verschwunden. Dieses Vorkommnis wollte der »Fränkische Kurier« nun erneut mit der Wiederentdeckung der Kiliansreliquien in Verbindung bringen. In seiner Entgegnung verwies das »Fränkische Volksblatt« zu Recht auf den Bericht über die Fundumstände, den Franz Xaver Himmelstein in seiner 1850 erschienenen Veröffentlichung über »Die Reliquien der drei ersten Apostel des Frankenlandes« gegeben hatte. Darin wird ausführlich geschildert, daß man am 9. August 1849, »als man ... die Ornatkammer des Domes bis in die geheimsten Winkel nach Alterthümern durchforschte«, auf die drei hölzernen und verglasten Untersätze der 1795 eingeschmolzenen Silberbüsten der Heiligen stieß, in denen die Schädelreliquien verwahrt waren. Als wertlos waren sie auch der Säkularisation des Domschatzes entgangen und schließlich ganz in Vergessenheit geraten. Als gewiß unverfänglicher Augenzeuge hatte bereits 1875 der berühmte Pathologe Rudolf Virchow, als Führer der Deutschen Fortschrittspartei ein Vorkämpfer antikirchlicher Kreise des Kulturkampfes, in einem Vortrag vor der Berliner Anthropologischen Gesellschaft über die Wiederentdeckung berichtet: »In Würzburg wurden in der ersten Zeit, wo ich an der dortigen Universität lehrte, die lange vermißten Köpfe der heiligen Märtyrer Kilian, Colonat und Totnam (!), der Frankenapostel, aufgefunden, kurz nachdem auf der dortigen Anatomie wiederholt

Die Jubiläumsprozession (linke Seite) und das sportliche Geschehen rund um das kirchliche Fest (oben): Illustrationen aus der Festchronik von 1889.

Schädel und ein Skelett gestohlen worden waren. So entstand das Gerücht, die feierlich ausgestellten Schädel seien mit den gestohlenen identisch. Ich konnte jedoch bestätigen, daß es alte Schädel seien und daß auch die mächtigen Wunden, welche sie trugen, vor langer Zeit angebracht sein mussten.« Die Wiederentdeckung der Reliquien war Anlaß zu einer neuen und vermehrten Verehrung der Frankenapostel geworden, die nun in dem Jubiläum von 1889 ihren Höhepunkt fand.

Neben dem religiösen war der kulturelle Ertrag des Jubiläums kein geringer. Zwar manche Hoffnung – wie etwa die Einführung des Kiliansspieles auf Dauer – hat die Zukunft nicht erfüllt. Bleibender Wert ist mancher Jubiläums-Publikation geblieben. Zu diesen Veröffentlichungen gehören etwa »Der St. Kilians-Dom zu Würzburg« von Franz Xaver Himmelstein, »Die Reihenfolge der Mitglieder des adeligen Domstiftes zu Würzburg« von August Amrhein. Herman Schell hat die »Katholische Dogmatik«, den ersten Band seines Hauptwerkes, »dem Bistum Würzburg zur 1200jährigen Gedächtnisfeier des Martyriums seiner Glaubensboten St. Chilian, Colonat und Totnan gewidmet«. Wichtig blieben vor allem die historischen Artikel der Jubiläumschronik. Diese sollte nach dem Willen der Herausgeber »in reicher Mannigfaltigkeit Aufsätze geschichtlichen Inhalts über den Einfluß der Landesapostel auf unser Volkstum in Kunst, Brauch und Sitte, über ihr Fortleben in Cultus, Stiftungen und Vereinen usw., dazu Schilderungen der vorzüglichen Kilians-Heiligtümer, Orte und Kirchen« enthalten. Dieses Programm wurde reichlich erfüllt. Die Aufsätze von August Ziegler, Theodor Henner, von Johann Baptist Stamminger über »Die frühere Feier des Kilianstages«, über »Sanct Kilian auf Münzen«, über die Kiliansreliquien, über »St. Kilian in Kunst und Poesie« sind bis heute unentbehrlich geblieben.

Der Hauptertrag des Jubiläums für die Zukunft war ein anderer: St. Kilian rückte erneut tiefer und unauslöschlich in das Bewußtsein des Frankenvolkes, er wurde erneut »aller Franken Patron«. An dieses Bewußtsein konnte Bischof Matthias Ehrenfried anknüpfen, als er in den Jahren des Nationalsozialismus, die Anregung seines damaligen Sekretärs Dr. Theodor Kramer aufgreifend, erneut seine Diözesanen zur Kilians-Wallfahrt aufrief. Freudig nahmen die Gläubigen diese Anregung auf, in Scharen kamen sie am 8. Juli 1935 und seitdem alljährlich zur Grabstätte Kilians. Dom und Neumünster waren an den Wallfahrtstagen überfüllt. Die Machthaber und ihre Mitläufer suchten vergeblich, die Frankenapostel als »Landstreicher« zu diffamieren. St. Kilian wurde wiederum – wie in der Zeit des Kulturkampfs – zur Symbolgestalt des Widerstandes; das ist nicht zuletzt eine der Nachwirkungen des Kilians-Jubiläums 1889.

Die Jubiläumsgedenkmünze von 1889.

Die Pilgerfahrt der Frankenapostel-Reliquien durch unser Bistum

Wilhelm Heinz

»Wir verkündigen Christus, den Gekreuzigten« (1 Kor 1,23), der Wahlspruch unseres unvergessenen Bischofs und Kardinals Julius Döpfner, war das Leitwort für die »Pilgerfahrt« der Kiliansreliquien durch das Bistum zur Vorbereitung der Jubiläumsfeier. Mit diesem Motto sollte den Gläubigen die zentrale Botschaft der christlichen Verkündigung und Missionierung nahegebracht werden. Am Pfingstsamstag, 13. Mai 1989, wurden die Häupter der Frankenapostel Kilian, Kolonat und Totnan von der Festung Marienberg über die Alte Mainbrücke in feierlicher Lichterprozession in den Dom gebracht. Ein historisches Ereignis ging damit zu Ende: Kilian hat erneut das fränkische Land durchpilgert und die Frohe Botschaft den Menschen unserer Tage verkündet.
Nur wegen der Gefährdung im Zweiten Weltkrieg hatten die Kiliansreliquien bisher Würzburg verlassen; sie wurden in einer eindrucksvollen Prozession 1949 in die zerstörte Bischofsstadt zurückgeführt.
Erste Überlegungen zur Gestaltung und Vorbereitung des Kiliansjubiläums trug Bischof Paul-Werner der Katholischen Landvolkbewegung 1985 anläßlich ihrer Diözesanversammlung vor. In der Diskussion wurde von einem Teilnehmer der Gedanke geäußert: »Es können nicht alle Leute nach Würzburg kommen, – könnte der heilige Kilian nicht einmal zu uns in die Dörfer kommen?« Die Idee war geboren, die Erinnerung wurde lebendig: Waren nicht 1949 die »Frankenapostel« in einer Prozession von Gerolzhofen nach Würzburg getragen worden? Fragen wurden laut: Kommt eine Verehrung des heiligen Kilian und seiner Gefährten bei einer Reliquienprozession durch die Diözese bei den Gläubigen an? Ist sie heute überhaupt vertretbar? Gespräche bei der Dekanatskonferenz und im Diözesanpastoralrat festigten den Gedanken: Die Häupter der Heiligen werden zur Verehrung in die Pfarrkirchen, die die Frankenapostel als Kirchenpatrone haben, und in zentrale Orte gebracht. Die Anregung von der Basis wurde von den Verantwortlichen der Diözese, der Dekanate und Pfarreien aufgenommen, vorbereitet und in die Tat umgesetzt.
Die organisatorische Planung und viele Anregungen für die örtliche Gestaltung der »Verehrung der Heiligen und ihrer Reliquien«

Mit einer Eucharistiefeier am Kreuzberg eröffnete Bischof Paul-Werner Scheele am 17. Juli 1988 die Reliquienprozession durch die gesamte Diözese.

wurden im »Diözesanen Informations- und Materialdienst« (DIM) Nr. 1/88 veröffentlicht. Nun waren die Dekanate, die Pfarrverbände und die Pfarreien gefordert.
Mit guten Gründen begann am Sonntag, 17. Juli 1988, die Reliquienprozession auf dem Kreuzberg. Sagt doch die Überlieferung, daß dort die Missionare gewirkt haben. Es hatte zwei Tage geregnet, die Wege waren aufgeweicht, das Wetter naßkalt. Würden die »Rhöner« zu ihrem Kiliansberg kommen? Noch am Vorabend zu später Stunde wurde telefonisch ein »Notprogramm« überlegt. Tief hingen die Wolken über dem Berg, doch es regnete nicht. Etwa 3000 Pilger hatten sich aufgemacht, teilweise waren sie bis zu sechs Stunden unterwegs, der Gottesdienst im Freien konnte beginnen.
Mit dem »Pilgerauto« – einem für die Prozession eingerichteten VW-Bus –, unter Begleitschutz der Polizei, kamen die Reliquien an; in Prozession wurden sie, getragen von vier Diakonen, zum Altaraufbau gebracht. Bischof Paul-Werner erinnerte an Bischof Julius, der oft den Kreuzberg besucht hat, und erschloß dessen Wahlspruch »Wir verkündigen Christus, den Gekreuzigten« als Auftrag für die Christen unserer Zeit: »... wir können nichts Größeres tun, als den Gekreuzigten verkünden ... Kilian ist mit seinen Gefährten aufgebrochen, um in der Nachfolge Christi zu leben, er hat das Kreuz auf sich genommen ... Heute sind wir daran, für die Frohe Botschaft alles zu wagen ...«
In den Sommermonaten, der Zeit der großen Wallfahrten zum Kreuzberg, wurden die Reliquien in der dortigen Kirche verehrt. Mehr als 10 000 Besucher haben in dieser Zeit das Gotteshaus besucht. Ein Informationsblatt über St. Kilian und seine Verehrung in dieser Auflagenhöhe fand das Interesse der Besucher.
Nach dem festgelegten Plan pilgerten die Häupter der Frankenapostel vom 17. September bis 5. Dezember 1988 durch die Dekanate der Rhön, der Haßberge, des Sinn-, Saale- und Maintales

12. März 1989: Nach einer Gebetsnacht im Jugendhaus St. Kilian tragen Jugendliche den Schrein mit den Gebeinen zurück in die Miltenberger Pfarrkirche.

und des Ochsenfurter Gaues; in der vorösterlichen Bußzeit vom 11. Februar bis 19. März 1989 durch die Dekanate des Westteils der Diözese und vom 9. April bis 13. Mai 1989 durch die drei Dekanate Schweinfurt und Würzburg/Land. Die Vorbereitung der einzelnen Dekanate, der Pfarrverbände und Pfarreien auf die Verehrung der Kiliansreliquien konnte kaum vorbildlicher sein. Die hervorragend gestalteten Programme, die Vorlagen für die einzelnen Gottesdienste, die örtliche Information in alle Familien geben Zeugnis von der Sorgfalt der verantwortlichen Gremien, der Seelsorger und ihrer Mitarbeiter.

Die Gemeinden versammelten sich am Ortseingang oder an einem geeigneten Platz in der Nähe der Kirche. Glaubensbekenntnis, Meditationen, Gebete und Lieder waren Elemente der Begrüßung und der Prozession zum Gotteshaus. An einigen Orten war die Prozession bis zu einem Kilometer lang. Die Häuser waren geschmückt. Ortsvereine und die kirchlichen Verbände hatten ihre Fahnenabordnungen bestellt. Die Musikkapellen taten mit. In ähnlicher Form wurde die Verabschiedung gestaltet. Zentrale Gottesdienste mit Eucharistiefeier und Festpredigt standen im Mittelpunkt. Verschiedenste Formen der liturgischen Feier prägten das Gottesdienstangebot der Gemeinden, besonders für bestimmte Zielgruppen. Der Besuch der Kleinsten des örtlichen Kindergartens mit einer kindgemäßen Erklärung, mit Gebeten und Liedern führte zum Verständnis der Heiligenverehrung. Im Religionsunterricht wurden Schüler aller Altersstufen vorbereitet und mit den Problemen der Reliquienverehrung konfrontiert. Selbstgestaltete Andachtsstunden vor den Häuptern der Frankenapostel waren manches Mal ein erfreuliches Ergebnis. Ökumenische Gespräche bauten Vorbehalte ab und klärten das Verständnis katholischer Frömmigkeit. Mehrere ökumenische Gottesdienste bezeugten die gemeinsame Wurzel unserer Missionierung. Liturgische Nachtwachen, sogenannte »Frühschichten« der Ju-

Die Reliquienprozession im Spiegel der lokalen Presse.

gend, eucharistische Anbetungsstunden und Seniorengottesdienste, stille Gebetszeiten und andere Formen des Gebets füllten die Zeiten der örtlichen Reliquienverehrung.
Die Einladung zum Sakramentenempfang fand in vielen Gemeinden ein erfreuliches Echo. Andere Pfarreien bereiteten sich durch ein Triduum (drei Abendpredigten) vor. Den geschichtlichen Fragen und Problemen diente das Seminar der Domschule »Dich loben, dir danken ...«
Die Reliquienprozession war ein Wagnis. Alle Verantwortlichen waren sich dessen bewußt. Auch sehr kritische Stimmen wurden laut, da und dort wurde diese Form der Verehrung der Frankenapostel abgelehnt, einige wenige Gemeinden schlossen sich aus.
Trotz aller Kritik und Vorbehalte: Die Seelsorger und ihre Mitarbeiter haben die Chance aufgegriffen und die Gemeinden auf die Ereignisse eingestimmt. Die Beteiligung der Gläubigen übertraf alle Erwartungen. Nicht nur die Zahlen der Teilnehmer, noch mehr der religiöse Gehalt der verschiedenen Feiern und Gottesdienste wurden zum Zeugnis des Glaubens. Vielen Christen wurde neu bewußt, daß wir in einer lebendigen Tradition stehen und daß uns die Frohe Botschaft als Erbe übergeben ist, das wir verantwortlich in das dritte Jahrtausend weiterzugeben haben.
Das Glaubenszeugnis bedarf der Einbindung in die Gemeinschaft der Kirche; sie wurde erfahren auch über die Pfarrgemeinden hinaus beim Empfang und bei der Weitergabe des Reliquienschreines, aber noch mehr bei den großen zentralen Gottesdiensten.
Das pastorale Ziel der Jubiläumsvorbereitung und -feier war der Diözese aufgegeben im Motto »Glaubenserneuerung im Geiste der Frankenapostel«. Ein nicht unwesentlicher Beitrag dazu war die Reliquienprozession durch die Diözese. Ein Seelsorger meinte: »Bei uns bewirkten die Frankenapostel eine kleine Volksmission«. Die in der Diözese lebendige Kiliansverehrung wurde in der unmittelbaren Begegnung mit den Häuptern der drei Frankenapostel vertieft und gefestigt. Wir danken für die reiche Tradition in unserem Bistum und bitten die Frankenapostel um ihre Fürsprache, daß viele Mitchristen des fränkischen Landes bereit und fähig werden und bleiben, »Christus, den Gekreuzigten, im Leben zu künden«.

Bilder rechte Seite:
Ankunft der Reliquien in Schweinfurt (oben links). Der Schrein in der Pfarrkirche von Obernburg (oben rechts). Letzte Station der Reliquienprozession war der Innenhof der Festung Marienberg in Würzburg (unten).

In einem festlichen Fackelzug wurden die Reliquien von der Festung in den Kiliansdom geleitet (oben) und dort zur Verehrung durch die Gläubigen aufgestellt (unten).

Die Veranstaltungen des Kiliansjubiläums

17. Juli 1988 bis 13. Mai 1989:
Prozession der Reliquien der drei Frankenapostel durch die Diözese Würzburg.

10. Februar 1989:
Aussendungsgottesdienst im Kiliansdom zur Stadtmission in den Würzburger Pfarrgemeinden (12. Februar bis 23. April).

4. bis 13. Mai:
400-Jahr-Feier des Würzburger Priesterseminars.

8. bis 13. Mai:
Irische Woche in Würzburg.

13. Mai:
Ende der Reliquienprozession durch die Diözese;
Einholung der Reliquien in einem festlichen Fackelzug von der Festung Marienberg in den Dom.

14. Mai:
Eröffnung der Kiliani-Festzeit mit einem Pontifikalgottesdienst im Würzburger Dom.

30. Mai:
Eröffnung der Ausstellung »Von Kilian zu Kiliani« mit den Arbeiten des gleichnamigen Schülerwettbewerbs (zu sehen bis 25. Juli im Kilianeum Würzburg).

3./4. Juni:
Nachtwallfahrt der Katholischen Arbeitnehmerbewegung.

4. Juni:
Eröffnungsveranstaltung des Jubiläumsjahres im Congress-Centrum Würzburg mit dem Vorsitzenden der Deutschen Bischofskonferenz, Bischof DDr. Karl Lehmann (Mainz).

6. Juni:
Eröffnung der Ausstellung »Unsere Mission – Gemeinden, Gemeinschaften und ihre Missionare« über das weltkirchliche Engagement der Diözese Würzburg (zu sehen bis 29. Oktober im Kreuzgang der Würzburger Franziskanerkirche).

9./10. Juni:
Gemeinsames Symposion von Domschule und Diözesangeschichtsverein »Der heilige Kilian und seine Gefährten«.

15. Juni:
Vorstellung der von der deutschen und irischen Post motivgleich herausgegebenen Sondermarke in Würzburg durch den Bundespostminister.

23. Juni:
Eröffnung der Ausstellung »Fränkisches Credo« mit Zeugnissen des christlichen Glaubens in Franken gestern und heute (zu sehen bis 29. Oktober im Kreuzgang des Kiliansdomes).

24. Juni:
Ökumenischer Gottesdienst mit Bischof Paul-Werner Scheele und dem evangelischen Dekan Martin Elze in der Stephanskirche in Würzburg im Rahmen der evangelischen Landesmissionstage.

30. Juni
Eröffnung der Ausstellung »Kilian – Mönch aus Irland, aller Franken Patron« (zu sehen bis 30. September im Mainfränkischen Museum auf der Festung Marienberg).

1. bis 16. Juli:
Kiliani-Wallfahrtswochen 1989.

1. Juli:
Festzug durch die Würzburger Innenstadt zur Eröffnung des Kiliani-Volksfestes.

2. Juli:
Eröffnung der Wallfahrtswochen in einem Pontifikalamt mit Kardinal Tomás O'Fiaich im Kiliansdom.

3. Juli:
Festakt des Diözesangeschichtsvereins mit einem Festvortrag von Kardinal O'Fiaich.

7. Juli:
Konzert im Würzburger Dom mit dem Palestrina Choir aus Dublin/Irland.

14. Juli:
Uraufführung des Oratoriums »Der Schrein der Märtyrer« im Kiliansdom.

15. Juli:
Segnung der neuaufgestellten Kiliansstatue auf dem Kreuzberg durch Bischof Paul-Werner Scheele.

16. Juli:
Katholikentreffen der Diözese im Würzburger DJK-Stadion unter dem Leitwort »Ihr seid das Licht der Welt«.

29. Oktober:
Missionsfest in der Würzburger Carl-Diem-Halle zum Abschluß des Jubiläumsjahres; Unterzeichnung der Partnerschaftsurkunde zwischen den Diözesen Würzburg und Mbinga/Tansania.

Sendung und Zeugnis – Die Eröffnung des Jubiläumsjahres

Franz-Ludwig Ganz

Der Franconia-Saal des CCW bietet den passenden Rahmen für den Festakt am 4. Juni 1989: Im Hintergrund die beeindruckende Replik des altehrwürdigen Kiliansbanners, blumengeschmückt die Bühne, am Rednerpult das Diözesanwappen. Über 1000 Menschen wollen dabeisein, wenn Bischof Prof. DDr. Karl Lehmann das Jubiläumsjahr offiziell eröffnet.

Als Weihbischof Helmut Bauer mit einer launigen und humorvollen Ansprache begrüßt, fehlt kaum jemand von Rang und Namen aus Unterfranken. Im Auftrag des Bayerischen Ministerpräsidenten überbringt Justizministerin Dr. Mathilde Berghofer-Weichner die Grüße der Staatsregierung. Sie würdigt die unbelastete Beziehung zwischen Staat und Kirche in Bayern und meint, daß es wohl die bayerische Festfreude sei, die Würzburg monatelang feiern läßt. Die Ministerin sieht es als besonders erfreulich an, daß die Jubiläumsveranstaltung den Blick nicht nur zurück, sondern auch in die Zukunft lenkt.

Der evangelische Kreisdekan Gottfried Naether erklärt, daß das Jubiläumsjahr der Frankenapostel für alle Christen die Anfrage nicht nur nach der gemeinsamen Vergangenheit und Zukunft, sondern auch nach der gemeinsamen christlichen Verantwortung in der Gegenwart stelle.

Würzburgs Oberbürgermeister Dr. Klaus Zeitler weist darauf hin, daß durch die Mission der Frankenapostel vor 1300 Jahren »Würzburg in das Licht der Geschichte gerückt« sei. Zeitler schließt mit dem zu diesem Zeitpunkt kühnen Wunsch: beim nächsten Jubiläum, aber nicht erst in 100 Jahren, möge der Würzburger Bischof »frei und ungehindert« in den anderen Teil Deutschlands fahren können. Wer hätte am 4. Juni 1989 gedacht, daß sich dieser Wunsch noch im gleichen Jahr erfüllen sollte?

Das Grußwort des Vorsitzenden des Diözesanrats der Katholiken im Bistum Würzburg, Dr. Engelbert Muth, führt die Zuhörer zum Thema des Hauptredners: er erinnert an den Missionsauftrag, den Papst Johannes Paul II. in seinem Schreiben über »Berufung und Sendung der Laien« formuliert hat, und lenkt den Blick zurück auf Bischof Julius Döpfner, der 1951 gefordert hatte: »Franken muß Christusland bleiben«.

Bischof Karl Lehmann dankt zu Beginn seiner Rede Bischof Paul Werner. Würzburg sei dank seiner enormen Arbeit zu einer »Schnittstelle für die ökumenische Arbeit in unserem Land geworden«.
In seinem Festreferat »Ihr werdet meine Zeugen sein – die missionarische Herausforderung des christlichen Glaubens heute« geht Bischof Lehmann dann ausführlich auf den Begriff »Zeugnis« ein und schlägt den Bogen zum bleibenden Auftrag des Missionierens sowohl durch den einzelnen Christen als auch durch die Kirche. Mit Nachdruck fordert der Mainzer Bischof zum Engagement auch im politischen Leben auf. Oft seien Christen wehleidig, beklagt Bischof Lehmann, wenn es um den Mut zum Zeugnis gehe: »Wo ist die Zivilcourage der Christen heute?« fragt er, auch im Blick auf die hohe Zahl von Schwangerschaftsabbrüchen.
Bischof Paul Werner würdigt in seinem Schlußwort Bischof Lehmanns Rede als konkrete Hilfe zu Besinnung, Wegweisung und Neuorientierung. »Miteinander sind wir zum Danken da«, sagt der Bischof und bezeichnet das Jubiläumsjahr als ein Familienfest für alle Christen in Franken und St. Kilian als den »Vater des Glaubens«.
Mit den Klängen des »Halleluja« aus Händels »Messias« werden die Festgäste nach zwei eindrucksvollen Feierstunden verabschiedet. Das Kiliansjubiläum ist eröffnet.

Als ein Familienfest für alle Christen in der Diözese Würzburg bezeichnete Bischof Paul-Werner Scheele das Jubiläumsjahr bei der Eröffnungsveranstaltung im Congress-Centrum Würzburg am 4. Juni 1989.

Das Jubiläumsjahr in Bildern

Anläßlich der 1300-Jahr-Feier der Mission und des Martyriums der Frankenapostel beschlossen Bischof und Geistlicher Rat, in der Diözese Würzburg wieder ein Diözesanwappen einzuführen. Das frühere Diözesanwappen war im Lauf der Zeit außer Gebrauch gekommen und durch das Wappen des jeweiligen Bischofs ersetzt worden. Im neuen Wappen verweist das schwarze irische Radkreuz auf silbernem Grund auf das Herkunftsland des heiligen Kilian und seiner Gefährten. Der sogenannte fränkische Rechen im oberen Drittel des Wappens steht seit dem Mittelalter als Symbol für Franken, aber auch für Bistum und Domkapitel Würzburg.

In das Jubiläumsjahr der Diözese fiel auch der 400. Jahrestag der Gründung des Würzburger Priesterseminars durch Fürstbischof Julius Echter (1545–1617) am 2. Januar 1589. Während einer Festwoche im Mai mit Ausstellungen, Hausführungen und einem Tag der offenen Tür war die ganze Diözese zum Mitfeiern ins Priesterseminar eingeladen. Den Auftakt dieser Woche bildete eine Festveranstaltung in der Würzburger Neubaukirche, bei der der Präfekt der Glaubenskongregation, Kardinal Joseph Ratzinger, über »Perspektiven der Priesterausbildung heute« sprach. Groß war die Zahl der Gäste und Ehrengäste beim Festakt, unter ihnen (vordere Reihe, von links) Abt. Dr. Fidelis Ruppert OSB (Münsterschwarzach), Altweihbischof Alfons Kempf, Prof. Dr. Theodor Berchem, Rektor der Universität Würzburg, Kardinal Joseph Ratzinger, Bischof Paul-Werner Scheele, Regierungs-Vizepräsident Hans Karl Zürn, Weihbischof Helmut Bauer und der Würzburger Oberbürgermeister Dr. Klaus Zeitler.

Ein Beitrag der evangelischen Kirche zum Jubiläumsjahr der Diözese Würzburg waren die evangelischen Landesmissionstage vom 4. bis 8. Mai unter dem Leitwort »Vor der eigenen Tür bekehren«. Während der Veranstaltungen wurde immer wieder auf den gemeinsamen Ursprung und die gemeinsame Vergangenheit der beiden christlichen Konfessionen hingewiesen. Einer der Höhepunkte war ein ökumenischer Vespergottesdienst in der Neumünsterkrypta mit Bischof Paul-Werner Scheele und dem evangelischen Bischof Dr. Ulrich Wilckens (rechts), der vom Fernsehen übertragen wurde. Ganz rechts im Bild Dekan Prof. Dr. Martin Elze.

Ein Jahrhundertereignis für die Diözese Würzburg war die Einholung der Kiliansreliquien am Vorabend des Pfingstsonntags. Während einer Andacht im Innenhof der Festung Marienberg (links), der letzten Station der Reliquien auf ihrer Reise durch die Diözese, erinnerte der Pfarrer von St. Gertraud in Würzburg, Alfred Rost, an die Erhebung der Gebeine 752 durch St. Burkard, den ersten Bischof von Würzburg, und an die Reliquienprozession von 788 in Anwesenheit Karls des Großen. Ein festlicher Fackelzug geleitete dann betend und singend die Reliquien der drei Frankenapostel den Festungsberg hinunter, über die Alte Mainbrücke, die mit Lampen und Fackeln geschmückt war, vorbei an der Figur des heiligen Kilian (unten).

Vom Geläut der Domglocken begleitet, kehrte der Reliquienschrein nach fast einem Jahr wieder zurück in den Kiliansdom, wo Bischof Paul-Werner Scheele das »Großer Gott, wir loben Dich« anstimmte.

Groß war auch das Interesse junger Menschen an der Geschichte Kilians und seiner Gefährten. Das zeigten nicht nur neugierige Blicke im Dom (oben rechts), sondern vor allem die 328 für den Schülerwettbewerb »Von Kilian zu Kiliani« eingereichten Arbeiten von insgesamt 6887 Teilnehmern. Die Laterne eines jungen Künstlers aus Erbshausen (oben) ist nur ein Beispiel für das Geschick und den Einfallsreichtum, den die Teilnehmer an den Tag legten. Bischof Paul-Werner Scheele selbst eröffnete die Ausstellung mit den Werken der jungen Künstler im Würzburger Kilianeum (rechts).

Mitglieder der Katholischen Arbeitnehmer-Bewegung (KAB) aus allen Teilen der Diözese hatten sich in der Nacht vom 3. auf den 4. Juni auf den Weg nach Würzburg gemacht, wo sie mit ihren Bannern in den Dom einzogen, um Eucharistie zu feiern.

Eine originalgetreue Nachbildung des alten Kiliansbanners schmückte am 4. Juni die Wand im Franconia-Saal des Würzburger Congress-Centrums beim Festakt zur 1300-Jahr-Feier, der von den Domsingknaben, dem Domorchester, der Sopranistin Karin Süß und dem Cembalisten Franz J. Stoiber unter der Leitung von Prof. Siegfried Koesler mit festlicher Musik umrahmt wurde (rechts). Mit Humor meisterte Weihbischof Helmut Bauer die Begrüßung der langen Reihe von Ehrengästen aus Kirche und Gesellschaft (unten).

Bischof Paul-Werner Scheele faßte den Beifall der Zuhörer in Worte und dankte seinem Mitbruder aus Mainz für sein Kommen und seine offenen und deutlichen Worte (oben).

»Wir müssen hinaus an die Hecken und Zäune und sehr viel mehr mit unserer Person gleichsam im Nahkampf für unseren Glauben werben.« Dazu forderte der Vorsitzende der Deutschen Bischofskonferenz, der Mainzer Bischof DDr. Karl Lehmann, seine Zuhörer beim Festakt auf (unten). »Ihr werdet meine Zeugen sein – die missionarische Herausforderung des Glaubens heute« war das Thema seines Vortrags.

Ausstellungen gab es eine ganze Menge im Jubiläumsjahr 1989. Am 6. Juni eröffnete Bischof Paul-Werner Scheele im Kreuzgang der Franziskanerkirche in Würzburg die Ausstellung »Unsere Mission – Gemeinden, Gemeinschaften und ihre Missionare« (oben; im Hintergrund Abt Dr. Fidelis Ruppert OSB von der Benediktinerabtei Münsterschwarzach).
Nicht nur das Wirken der über 300 Missionskräfte aus der Diözese Würzburg in aller Welt und die Aktivitäten der verschiedenen Orden waren Thema der Ausstellung, sondern auch die vielen Initiativen von Gruppen, Verbänden und Pfarrgemeinden und natürlich die Entwicklung der Partnerschaft zur tansanischen Diözese Mbinga (rechts oben und unten).

Von Bischof Paul-Werner Scheele stammte die Idee zur Ausstellung »Fränkisches Credo«, die im Kreuzgang des Domes präsentiert wurde (das Foto zeigt ihn bei einem ersten Rundgang nach der Eröffnung). Die Planung und Gestaltung der Ausstellung hatte die Würzburger Domschule übernommen.

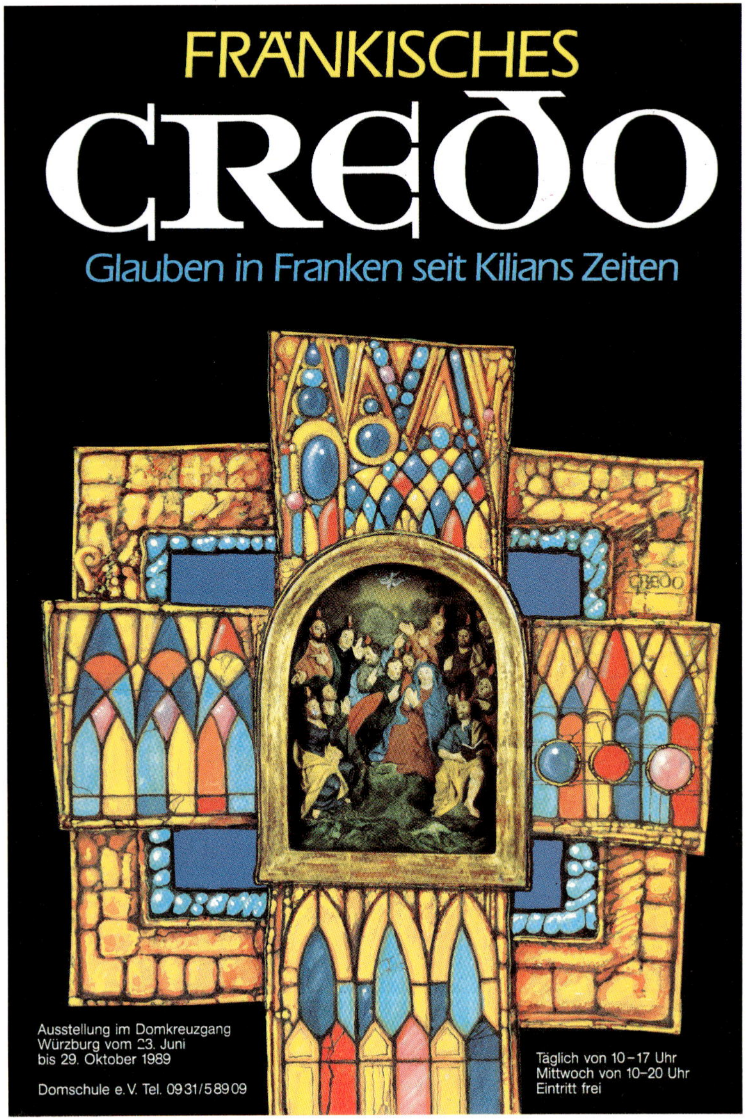

Nicht zu übersehen im Stadtbild von Würzburg war anscheinend das Werbeplakat für die Ausstellung »Fränkisches Credo« (oben). Schon 16 Tage nach der Eröffnung hießen nämlich Prof. Dr. Günter Koch (links) und Domkapitular Josef Pretscher im Namen der Domschule Pauline Kehr aus Pfersdorf als 10000. Besucherin willkommen (unten rechts).

Gegliedert nach den Artikeln des Glaubensbekenntnisses, präsentierte die Ausstellung Ausdrucksformen des christlichen Bekenntnisses und der Frömmigkeit in Franken von den Zeiten Kilians bis heute (linke Seite oben), wie beispielsweise diesen »Kreuzschlepper« (um 1740 entstanden) aus Arnstein, eine in Franken sehr verbreitete Darstellung (rechts).

»Als Wegbereiter für uns alle für Christus« bezeichnete der evangelische Kreisdekan und Oberkirchenrat Gottfried Naether die Frankenapostel bei einem ökumenischen Gottesdienst am 24. Juni in der Stephanskirche in Würzburg. Beim Einzug in die Kirche (von links): Bischof Paul-Werner Scheele, Oberkirchenrat Gottfried Naether und Dekan Prof. Dr. Martin Elze (unten).

»Kilian, Mönch aus Irland – aller Franken Patron« war der Titel einer Ausstellung, die das Mainfränkische Museum Würzburg, das Haus der Bayerischen Geschichte und das Bayerische Landesamt für Denkmalpflege zusammengestellt hatten. Die Nachbildung eines Irenkreuzes im Innenhof der Festung Marienberg wies auf diese sehenswerte Ausstellung hin, nicht nur die »Premierengäste« am Eröffnungstag.

Der Festzug zur Eröffnung des Kiliani-Volksfestes war 1989 nicht nur ein folkloristisches Ereignis, sondern trug auch der letztlich religiösen Wurzel des ganzen Feierns Rechnung: Die ersten sechs von insgesamt 87 Zugnummern waren mit Kiliansmotiven gestaltet. Zu ihnen zählten eine Kopie des Hochgrabes aus der Neumünsterkrypta und Nachbildungen der drei Schiestl-Büsten aus der Neumünsterkirche.

Angeführt wurde der Festzug von einem Wagen mit der originalgetreuen Nachbildung des fünf Meter hohen Kiliansbanners. Im Hintergrund die Festung Marienberg und am Fuß des Marienberges die Pfarrkirche St. Burkard.

Die Kiliani-Wallfahrtswochen 1989

Sonntag, 2. Juli
Eröffnung der Kilianiwochen
Wallfahrtstag der Diözese

Montag, 3. Juli
Wallfahrtstag der Dekanate Ebern und Haßfurt
Tag der Priester und Diakone

Dienstag, 4. Juli
Wallfahrtstag der Dekanate Alzenau, Aschaffenburg-Stadt, Aschaffenburg-Ost und Aschaffenburg-West

Mittwoch, 5. Juli
Wallfahrtstag der Dekanate Karlstadt, Lohr, Kitzingen und Ochsenfurt
Tag der Handwerker

Donnerstag, 6. Juli
Wallfahrtstag der Dekanate Schweinfurt-Stadt, Schweinfurt-Nord und Schweinfurt-Süd
Tag der Gemeindereferenten/innen und pastoralen Berufe

Freitag, 7. Juli
Wallfahrtstag der Dekanate Bad Neustadt und Rhön-Grabfeld
Tag der Verantwortlichen in Erziehung und Schule

Samstag, 8. Juli
Tag der Spätaussiedler
Tag der Kranken und Behinderten
Tag der Arbeitnehmer

Sonntag, 9. Juli
Tag der Jugend
Tag der Nachbardiözesen

Montag, 10. Juli
Tag der hauptamtlich in der Kirche Tätigen
Tag der Politiker

Dienstag, 11. Juli
Tag der Militärseelsorge
Tag der Schulen in kirchlicher Trägerschaft
Tag der Hochschulen

Mittwoch, 12. Juli
Wallfahrtstag der Dekanate Miltenberg und Obernburg
Tag der Orden und Weltmission

Donnerstag, 13. Juli
Wallfahrtstag der Dekanate Hammelburg und Bad Kissingen
Tag der Caritashelfer und -helferinnen

Freitag, 14. Juli
Wallfahrtstag der Dekanate Würzburg links des Mains, Würzburg rechts des Mains, Würzburg-Stadt, der Senioren und des Frauenbundes

Samstag, 15. Juli
Tag der Kilianspatroziniums-Gemeinden

Sonntag, 16. Juli
Katholikentreffen im Würzburger DJK-Stadion

Mit einem Pontifikalamt im Kiliansdom, das der irische Primas und Erzbischof von Armagh, Kardinal Tomás O'Fiaich, zelebrierte, wurden die Kiliani-Wallfahrtswochen 1989 eröffnet.

Dem Pontifikalamt vorausgegangen war eine Statio in Neumünster und die traditionelle Prozession mit dem Reliquienschrein von Neumünster zum Kiliansdom.

Auch Pilgergruppen aus der Heimat des heiligen Kilian waren zur Eröffnung der Wallfahrtswochen nach Würzburg gekommen, unter ihnen der irische Botschafter in der Bundesrepublik, Kester W. Heaslip, Bischof Francis McKiernan aus Kilmore, der mutmaßlichen Heimatdiözese Kilians, und Pfarrer Patrick Morris aus Mullagh. Wallfahrer aus der Diözese Paderborn waren ebenfalls vertreten, eine kleine Gruppe von ihnen hatte sich sogar zu Fuß auf den Weg nach Würzburg gemacht.

Daran, daß auch die Frankenapostel ihre Heimat verlassen hätten, erinnerte Altweihbischof Alfons Kempf beim Tag der Spätaussiedler am 8. Juli. Während der Altweihbischof in der Neumünsterkirche mit den Spätaussiedlern Eucharistie feierte, zelebrierte der Apostolische Nuntius in der Bundesrepublik Deutschland, Dr. Josip Uhac, im Dom ein Pontifikalamt für die Kranken und Behinderten.

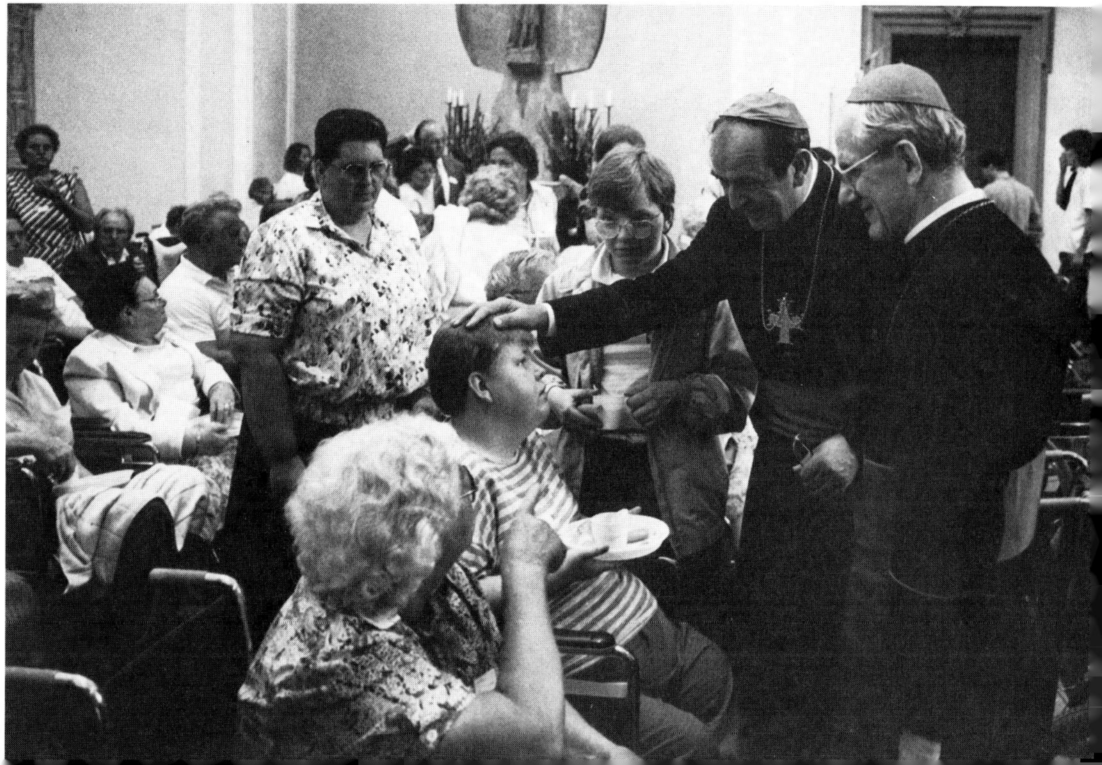

Anschließend nutzte der Nuntius zusammen mit Weihbischof Helmut Bauer die Gelegenheit zu Gesprächen mit den Gottesdienstbesuchern.

1700 Jugendliche feierten am 9. Juli, dem Tag der Jugend, im Dom eine Messe mit Jugendbischof Dr. Franz Kamphaus, Limburg. Obwohl ein Großteil der Jugendlichen bereits eine Nachtwallfahrt nach Würzburg hinter sich hatte, traf Bischof Kamphaus nach dem Gottesdienst auf ausgeschlafene Gesprächspartner, sowohl bei der Podiumsdiskussion als auch bei Einzelgesprächen.

Einigen konnte man dabei das Motto des Tages »Farbtopf Leben – malen mußt Du!« vom Gesicht ablesen.

Mit 1300 Soldaten aus den Standorten Hammelburg, Veitshöchheim, Mellrichstadt, Tauberbischofsheim, Volkach, Klingholz und Walldürn feierte Weihbischof Helmut Bauer am 11. Juli Eucharistie im Kiliansdom. Dabei forderte der Weihbischof dazu auf, den Frieden mit Verstand, Herzen und Willen zu schaffen.

Der 11. Juli war zugleich der Tag der Schulen: 850 Schülerinnen und Schüler sorgten für reges Treiben in der Würzburger Innenstadt. Unter dem Motto »Auf dem Weg – erinnern und träumen« setzten sie sich in über 30 Kursen und Arbeitsgruppen mit Kilian und seiner Bedeutung für heute auseinander. Da wurde diskutiert, Theater gespielt und gesungen – etwa nach flotten Rhythmen einer Band von Benediktinern –, ...

... nach Spuren Kilians in Würzburg gesucht oder im Schatten des Domes gemalt.

Der heilige Kilian blickt wieder über das Frankenland: 4,30 Meter hoch und 18 Tonnen schwer, aus Rhöner Sandstein. Am 15. Juli weihte Bischof Paul-Werner Scheele auf dem Kreuzberg unweit des Klosters Kreuzberg eine Kiliansfigur, die der Bildhauer Lothar Bühner aus Bad Königshofen geschaffen hat.

»Ihr seid das Licht der Welt« war das Leitwort des Katholikentreffens am 16. Juni, zu dem der Diözesanrat der Katholiken im Bistum Würzburg eingeladen hatte. 16 000 Menschen aus der gesamten Diözese waren der Einladung ins Würzburger DJK-Stadion zu einem Tag in froher und gläubiger Gemeinschaft gefolgt.

In seiner Predigt beim Festgottesdienst am Vormittag forderte Bischof Paul-Werner Scheele zu lebendigem Christsein auf und appellierte an die Verantwortung jedes einzelnen, das Licht des Glaubens weiterzugeben, das die Frankenapostel vor über 1300 Jahren ins Frankenland gebracht hatten.

Für die Partnerdiözese Mbinga in Tansania bestimmt waren die Geschenke, die Vertreter der einzelnen Dekanate bei der Gabenbereitung an den Würzburger Bischof übergaben, etwa ein Motorrad von den drei Schweinfurter Dekanaten (oben), oder ein Grundstein von den Würzburger Dekanaten als Symbol für die Hilfe bei anstehenden Baumaßnahmen in Mbinga (oben rechts).

Kinder, die dem Bischof Blumensträußchen überreichten, hatten die Gabenprozession eröffnet.

Neben zahlreichen Priestern aus der gesamten Diözese Würzburg konnte Bischof Paul-Werner Scheele bei der Eucharistiefeier im DJK-Stadion auch die Bischöfe Joachim Wanke aus Erfurt, Alfons Nossol aus Oppeln und Gabriel Mmole aus Ntwara in Tansania am Altar begrüßen. Im Vordergrund der Schrein mit den Häuptern der drei Frankenapostel.

Eine Tanzgruppe des Katholischen Deutschen Frauenbundes hatte mit meditativen Tänzen auf die Eucharistiefeier eingestimmt.

Der Festvortrag von Dr. Hanna Renate Laurien (Berlin) zum Motto des Katholikentreffens war Höhepunkt einer festlichen Stunde am Nachmittag. Das Foto (oben) zeigt die Festrednerin im Gespräch mit (von links) Dr. Dr. Karl Fürst zu Löwenstein, Bischof Paul-Werner Scheele und dem Vorsitzenden des Diözesanrats der Katholiken im Bistum Würzburg, Dr. Engelbert Muth.

Mit Musik, Tanz, Sport und Spiel hatten verschiedene Gruppen die Gäste im Stadion bis zum Beginn der festlichen Stunde unterhalten (rechts).

Autogramme geben mußten fast den ganzen Tag über die Bischöfe (obere Bildreihe von links): der Würzburger Weihbischof Helmut Bauer, Bischof Joachim Wanke aus Erfurt und Bischof Paul-Werner Scheele.

Eine ganze Menge Information und Unterhaltung war geboten beim Markt der Möglichkeiten, wo im rückwärtigen Teil des Stadions Gruppen und Verbände sich und ihre Arbeit präsentierten (unten links). Mancher Besucher war danach ganz schön geschafft (unten).

Auch Ordensleute aus Mbinga in Tansania waren dabei, als mit einem Missionsfest in der Würzburger Carl-Diem-Halle am Weltmissionssonntag das Festjahr beschlossen wurde (oben). Höhepunkt des Tages war die Unterzeichnung der Partnerschaftsurkunde durch die beiden Bischöfe Emmanuel Mapunda und Paul-Werner Scheele (links). Zuvor allerdings galt es, ein dichtgedrängtes Programm zu absolvieren (unten; am Rednerpult Weihbischof Helmut Bauer).

Internationaler Festmarathon zum Ausklang

Wolfgang Bullin

Der missionarische Auftrag der Kirche und jedes einzelnen Christen steht im Mittelpunkt der Abschlußveranstaltung des Jubiläumsjahres am 29. Oktober 1989, dem Sonntag der Weltmission. Die Würzburger Carl-Diem-Halle, üblicherweise genutzt für sportliche Betätigung oder Pop-Konzerte, bildet den Rahmen für ein buntes Missionsfest mit internationalem Flair. Neben zahlreichen Persönlichkeiten aus Kirche und Gesellschaft kann der Würzburger Bischof Paul-Werner Scheele dazu auch die beiden Bischöfe Edmundo Abastoflor aus Potosi in Bolivien (der höchstgelegene Bischofssitz der Welt) und Emmanuel Mapunda aus Mbinga in Tansania willkommen heißen.

Christsein heiße missionarisch wirken, jede christliche Gemeinschaft sei Missionsgemeinschaft, mahnt der Würzburger Bischof in seiner Predigt während der Eucharistiefeier, mit der das Missionsfest eröffnet wird. Leider gebe es heute unter den Christen zu viele »degenerierte Missionare«, bedauert er und fährt fort: »Wenn wir nur Selbstversorger sind, unterschreiben wir unser eigenes Todesurteil.« Die Blaskapelle Püssensheim, die Gruppe Taktwechsel und eine afrikanische Marimbagruppe, die bereits die Eucharistiefeier musikalisch gestaltet haben, sorgen auch im Anschluß an den Gottesdienst für Schwung beim Publikum und tragen ihren Teil zum Eindruck von Internationalität bei.

Dieser Eindruck verstärkt sich beim Schlendern durch die im Foyer der Halle aufgebaute Ausstellung »Unsere Mission«, wo Missionskräfte aus aller Welt Informationen sozusagen aus erster Hand bieten. Informationen aber auch Produkte aus Missionsländern gibt es an den Ständen der Katholischen Hochschulgemeinde, des Arbeitskreises Dritte-Welt-Laden und von Missio. Verschiedene Arbeitskreise bieten bis zum Beginn der nachmittäglichen Festveranstaltung zudem die Möglichkeit, sich mit speziellen Aspekten und konkreten Projekten der Missions- und Entwicklungsarbeit auseinanderzusetzen. Die beiden Gastbischöfe Edmundo Abastoflor und Emmanuel Mapunda stehen ebenfalls für Gespräche zur Verfügung.

Einen wahren Festmarathon haben die Veranstalter des Missionsfestes für den Nachmittag zusammengestellt: Nach der Begrü-

ßung der Gäste durch den Würzburger Weihbischof Helmut Bauer erläutert der Würzburger Missionswissenschaftler Prof. Dr. Ludwig Hagemann, ausgehend von den Aussagen des Zweiten Vatikanischen Konzils, das heutige Missionsverständnis. An die Tatsache, daß auch heute noch in über 60 Staaten dieser Welt täglich Menschen gefoltert werden, erinnert Prälat Heinrich Haug, der Präsident von Missio München. Zugleich informiert er über Geschichte und Aufgaben von Missio, das, gegründet als »Ludwig-Missionsverein«, 1989 seinen 150. Geburtstag feiert.
Eindrucksvolle Zeugnisse missionarischen Wirkens geben anschließend aus der Diözese Würzburg stammende Missionskräfte, die über ihren Werdegang und ihre Missionseinsätze berichten, etwa in einem Armenviertel von Bogota in Kolumbien, in einem Leprakrankenhaus in Madras in Indien oder als Lehrerin in Südafrika. Den Aufbruch der Kirche in Lateinamerika schildert Bischof Edmundo Abastoflor am Beispiel seines Heimatlandes Bolivien.
Höhepunkt des Tages ist jedoch die Besiegelung der Partnerschaft zwischen den Diözesen Würzburg und Mbinga mit der Unterzeichnung der Partnerschaftsurkunde durch die beiden Bischöfe Paul-Werner Scheele und Emmanuel Mapunda. Dabei würdigt Bischof Emmanuel die Bereitschaft der Diözese Würzburg und ihres Bischofs, mit der jüngsten Diözese Tansanias eine Partnerschaft einzugehen, als »historische Entscheidung«. Der afrikanische Bischof nutzt die Gelegenheit, der Diözese Würzburg Dank zu sagen für die Unterstützung, die seinem Bistum bisher schon zuteil wurde, insbesondere für die Gaben, die die einzelnen Dekanate während der Eucharistiefeier beim Katholikentreffen im Würzburger DJK-Stadion am 16. Juli für die Partnerdiözese an den Würzburger Bischof überreicht hatten.
Mit besinnlichen Texten von Monsignore Dr. Max Rößler zur »Sendung der Christen heute« klingt das Missionsfest und damit der Reigen der Veranstaltungen zum Jubiläumsjahr der Diözese Würzburg aus.

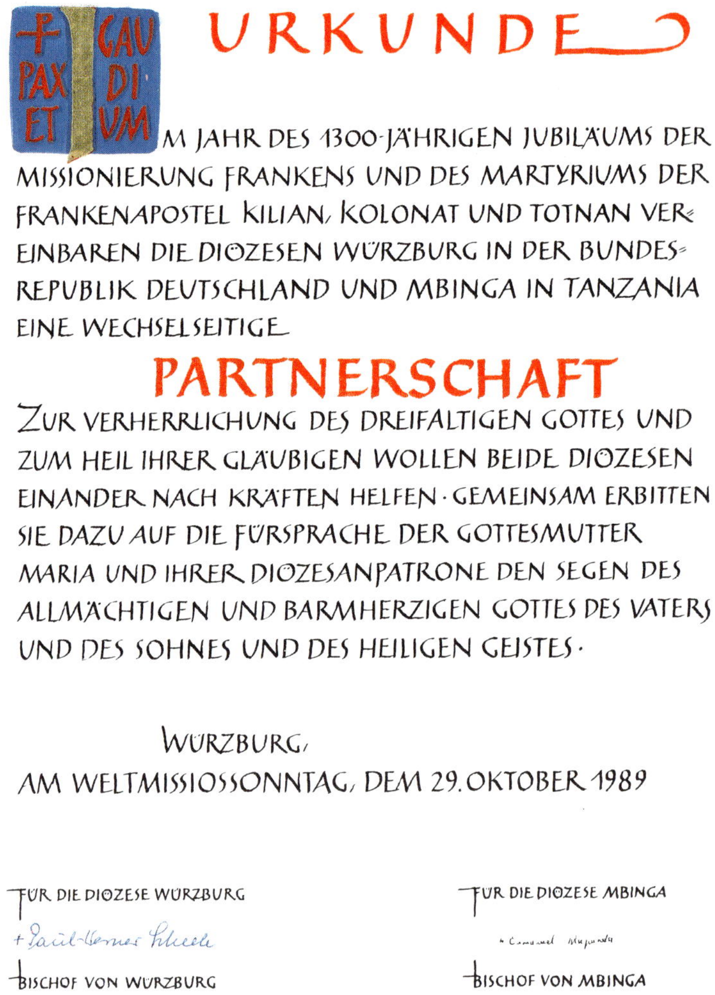
URKUNDE

PAX ET GAUDIUM

IM JAHR DES 1300-JÄHRIGEN JUBILÄUMS DER MISSIONIERUNG FRANKENS UND DES MARTYRIUMS DER FRANKENAPOSTEL KILIAN, KOLONAT UND TOTNAN VEREINBAREN DIE DIÖZESEN WÜRZBURG IN DER BUNDESREPUBLIK DEUTSCHLAND UND MBINGA IN TANZANIA EINE WECHSELSEITIGE

PARTNERSCHAFT

ZUR VERHERRLICHUNG DES DREIFALTIGEN GOTTES UND ZUM HEIL IHRER GLÄUBIGEN WOLLEN BEIDE DIÖZESEN EINANDER NACH KRÄFTEN HELFEN · GEMEINSAM ERBITTEN SIE DAZU AUF DIE FÜRSPRACHE DER GOTTESMUTTER MARIA UND IHRER DIÖZESANPATRONE DEN SEGEN DES ALLMÄCHTIGEN UND BARMHERZIGEN GOTTES DES VATERS UND DES SOHNES UND DES HEILIGEN GEISTES ·

WÜRZBURG,
AM WELTMISSIOSSONNTAG, DEM 29. OKTOBER 1989

FÜR DIE DIÖZESE WÜRZBURG
+ Paul-Werner Scheele
BISCHOF VON WÜRZBURG

FÜR DIE DIÖZESE MBINGA
BISCHOF VON MBINGA

Die Urkunde, mit der die Partnerschaft der Diözesen Mbinga und Würzburg besiegelt wurde.

Musik zu Ehren des heiligen Kilian und seiner Gefährten

Franz Fleckenstein

Die Verehrung des heiligen Kilian in Literatur, Malerei, Plastik und Brauchtum hat vielfältige Behandlung erfahren. Für Gesang und Musik trifft das nicht in gleichem Maße zu. Selbst in der Diözese Würzburg kam dieses Thema bisher höchstens am Rande zur Sprache, ganz zu schweigen von den anderen Gebieten, in denen der heilige Kilian auch verehrt wurde und wird, wie etwa in Paderborn, Thüringen, Eichstätt, St. Gallen, im Ahrntal/Südtirol. An dieser Stelle kann deswegen nicht einmal der Versuch unternommen werden, einen Gesamtüberblick zu geben. An einigen Beispielen aus alter und neuer Zeit soll allerdings aufgezeigt werden, daß sich die »Kiliansmusik« sehr wohl mit den Werken der anderen Künste messen kann und es lohnend wäre, sie gründlich zu erforschen, wie auch die Würzburger Dommusik insgesamt.
Seit dem Mittelalter wurden immer wieder Kilianslieder und -gedichte verfaßt, – Hymnen und Sequenz für die Liturgie, in Verbindung mit der Lebensgeschichte Kilians, mit Kiliansspielen, zu Jubiläumsfeiern – aber nur eines ist in Würzburg bis heute lebendig geblieben: »Wir rufen an den teuern Mann«. Wann genau und von wem es geschaffen wurde, läßt sich mit Sicherheit nicht feststellen. Jedenfalls hat es der Jesuit Georg Vogler 1625 in seinen »Katechismus« aufgenommen. Von da kam es ins erste Würzburger-Diözesangesangbuch 1628, und 1631 nahm es David Gregor Corner in sein Katholisches Gesangbuch auf. Von Anfang an erscheint es mit der Melodie des St. Michaelsliedes von Friedrich Spee. Diese Melodie gehört zu den bedeutendsten und wohl beliebtesten vorreformatorischen Kirchenliedmelodien. Ursprünglich ein Balladenlied (Erzähllied), erscheint die Melodie bei einer ganzen Reihe von geistlichen Liedern dieser Zeit: einem lateinischen Engelhymnus, einem französischen Weihnachtslied, einem Ursula- und Hubertuslied unter anderem. Man kann mit gutem Grund vermuten, daß unser Kilianslied wegen seiner Melodie als einziges im Frankenland überlebte. Der berühmte Würzburger Abbé Vogler hat Anfang des letzten Jahrhunderts (1809) das Lied für zwei Chöre bearbeitet, wie bis heute immer wieder neue Chorsätze in verschiedenster Besetzung geschaffen werden.
Da es für das Michaelslied eine reiche Palette konzertanter, aber

auch für den liturgischen Gebrauch geeigneter Orgelmusik gibt, können diese Orgelwerke nach Lage der Dinge auch für unser Kilianslied verwendet werden.
Ein anderes Kilianslied muß noch erwähnt werden, das in der Kiliansgemeinde von Bütschwil im Kanton St. Gallen gesungen wird: »Laßt uns ehren, laßt uns preisen, einen Helden vor dem Herrn ...«.
Schon im neunten Jahrhundert gelangte unter Kaiser Ludwig dem Deutschen und auf sein Betreiben hin die Kiliansverehrung nach St. Gallen und breitete sich von da auf die Reichenau und bis nach Südfrankreich (Vienne) aus. In der Gemeinde Bütschwil ist die Kiliansverehrung bis heute lebendig geblieben. Von wem der Liedtext stammt und von wann, konnte ich nicht feststellen. Aber die Melodie komponierte der St. Galler Domkapellmeister G. E. Stehle (1839 bis 1915) möglicherweise zum Kilians-Jubiläum 1889. Stehle war einer der bedeutendsten und fortschrittlichsten Vertreter der Cäcilianischen Reformbewegung des 19. Jahrhunderts, dessen zahlreiche Kompositionen (vor allem Messen) weitverbreitet waren und teilweise heute noch bei manchen Kirchenchören beliebt sind. Die Melodie ist schwungvoll und vor allem im Kehrvers für eine sangesfreudige Gemeinde geradezu »mitreißend«.
Die Liturgie, Gedächtnisfeier des Todes und der Auferstehung Jesu, schließt immer auch das Gedächtnis der Heiligen, insbesondere der Märtyrer ein; denn ihr Tod gewinnt seinen tiefsten Sinn ja aus der Teilhabe am Tod des Herrn. Die Musik der Liturgie, insbesondere der Eucharistiefeier, ist der Ausdruck des dankbaren Lobpreises der Gemeinde für Gottes Erlösungstat, schließt aber auch immer den Dank und Lobpreis für den Heiligen an seinem Festtag mit ein. So ist alle »offizielle« Musik zur Liturgiefeier am Kiliansfest auch »Kiliansmusik«.
Das älteste Kiliansoffizium ist bereits im neunten Jahrhundert entstanden, enthält zwei Meßformulare, aber nur Orationen und Präfationen. Die Gesangsteile, also das Proprium, sind nicht bekannt. Erst um 1150 erfahren wir von einer Kilianssequenz »Adoranda veneranda«, die der Würzburger Domscholaster Johannes Gallus verfaßt haben soll und die in die Messe aufgenommen wurde. Ebenso schuf Gallus den Hymnus »Fons Sapientiae« für das Kiliansoffizium, der bis heute in den Laudes des Kiliansfestes gesungen wird. Die deutsche Übersetzung des Hymnus »Göttlicher Weisheit Brunn« steht auf dem ältesten Würzburger Wappenblatt von etwa 1525 mit Noten. Wahrscheinlich nahm es von da D. Corner in sein Katholisches Gesangbuch von 1631 auf.
Ein altes Würzburger Meßbuch im Besitz der Karmeliten, 1509 in Würzburg gedruckt, enthält auch die Gesangstexte. Deren Chormelodien stehen im Graduale Romanum. Die heutigen Meßgesänge des Würzburger Eigenteils zum 8. Juli (Introitus Salus autem ...) sind dem »Commune für mehrere Märtyrer« entnommen und zählen zu den bedeutendsten und ansprechendsten Gesängen des Gregorianischen Repertoirs. Das Offertorium »Justorum animae« ist eine der besten Choralkompositionen überhaupt. Zwar wurde die Melodie ursprünglich für das Offertorium des Michaelsfestes »Stetit Angelus« geschaffen und erst später auf unseren Text übertragen, in einer Zeit, in der man aus Ehrfurcht vor den alten Gesängen, die man als vom Papst Gregor I. komponiert betrachtete, nicht mehr neue Choralmelodien zu komponieren wagte, sondern auf neue liturgische Texte alte Melodien anpaßte. »Justorum animae« ist eine der wenigen voll gelungenen sogenannten Adaptionen jener Zeit.
Nicht vergessen werden darf die beliebte Magnifikat-Antiphon »O Christi Martyr«. Sie gehört zur Gruppe der großen Antiphonen im sechsten Modus, die auch an Fronleichnam (zum Beispiel »O sacrum convivium«) oder an Allerheiligen (»O quam gloriosum est«) beim Magnifikat ihren Platz haben. Ein Direktorium von Stift Haug, wohl aus dem 14. Jahrhundert, erwähnt eine Antiphon, die bei der Reliquienprozession am Kiliansfest vom Dom zum Neumünster gesungen wurde. Dabei handelt es sich offenbar um diese Antiphon, deren mittelalterliche Entstehungszeit damit bezeugt ist.
Mehrstimmige Musik zur Festliturgie des heiligen Kilian wurde erst, nach dem derzeitigen Kenntnisstand, in der zweiten Hälfte unseres Jahrhunderts geschaffen, und zwar im Zusammenhang mit der bevorstehenden Liturgiereform. Seit etwa den fünfziger Jahren wurde in der kirchenmusikalischen Diskussion leidenschaftlich um die tätige Anteilnahme der Gemeinde beim Gesang gerungen. Das führte zu neuen Versuchen für die Meßkomposition, des »Meßordinariums«: Es wurde entdeckt beziehungsweise wiederentdeckt die sogenannte Alternatimspraxis: Mehrstimmige Chorsätze bei Kyrie, Gloria und so weiter wechseln mit den entsprechenden Teilen aus Choralmessen von allen gesungen. Die andere Möglichkeit, nämlich das »Meßproprium« (Introitus, Graduale/Alleluja, Offertorium, Communio) mehrstimmig zu singen, eventuell mit Beteiligung der Gemeinde durch Kehrverse, für das »Meßordinarium« aber der Gemeinde eine ganze Choralmesse anzuvertrauen, wurde von da an gerne und immer häufiger genützt.

Ein nicht nur musikalisches Erlebnis während der Wallfahrtswochen des Jubiläumsjahres war ein Konzert mit dem Palestrina Choir aus Dublin am 7. Juli im Kiliansdom.

Anfang der sechziger Jahre komponierte deshalb der damalige Domkapellmeister für den Hauptgottesdienst der Kiliansoktav, der auf dem Kiliansplatz zwischen Dom und Neumünster oder auch in der Neumünsterkirche stattfand, ein mehrstimmiges lateinisches Proprium der Kiliansmesse »Salus autem«. Die ganze Gemeinde sang die damals gut bekannte achte Choralmesse. Diese Gottesdienstform gelang überraschend gut und wurde auch gerne angenommen.

Die Liturgiereform des Zweiten Vatikanischen Konzils brachte den ersehnten Durchbruch, auch bezüglich der Landessprache. Für die Kirchenmusik bedeutete das einen grundlegenden Umbruch, stellte große und schwierige Aufgaben, deren Bewältigung bis heute noch nicht abgeschlossen ist. Da in dieser Zeit die Fertigstellung des Domes in greifbare Nähe rückte, mußte man sich ernsthafte Gedanken machen, wie der Eröffnungsgottesdienst musikalisch gestaltet werden sollte. Was bisher an landessprachlichen Meßgesängen vorhanden war, genügte den Anforderungen dieses säkularen Ereignisses nicht einmal im Ansatz. Auch

die traditionelle Gestaltung mit großen Werken aus dem Schatz der lateinischen Kirchenmusik schien in dieser Situation dem Anspruch der Domweihe nicht zu genügen.
So faßte das Domkapitel den mutigen Entschluß, einen Kompositionsauftrag für eine deutsche Festmesse nach den Erfordernissen der Liturgiereform mit Beteiligung der ganzen Gemeinde zu erteilen. Den Auftrag erhielt der Kompositionslehrer des damaligen Bayerischen Staatskonservatoriums, Professor Bertold Hummel. Von Hause aus Kirchenmusiker, schuf Hummel ein großes Werk für Sopran und Bariton, Schola, Chor, Gemeinde und großes Orchester, da ja noch die Domorgel fehlte – ein Werk, das musikalisch meisterhaft gelang, in der Anlage der Sätze (zum Beispiel Gloria) neue Wege beschreitet und den Anforderungen des Konzils entspricht. Trotz aller Schwierigkeiten gelang die Ausführung beim Eröffnungsgottesdienst gut. Kardinal Döpfner ging in seiner Ansprache auf die Liturgieerneuerung ein, sprach von der Prägekraft der Domliturgie und beglückwünschte den Würzburger Bischof zu dieser großartigen musikalischen Gestaltung. Die Intention des Domkapitels für den Kompositionsauftrag war auch, daß diese Messe nur alljährlich zum Kiliansfest gesungen werden sollte. Deswegen schuf Hummel nach Fertigstellung der Domorgel eine weniger aufwendige Fassung für Streichorchester und Orgel. Es ist bedauerlich, daß diese Messe schon nach wenigen Jahren im Dom nicht mehr gesungen wurde, auch nicht 1989, im Jubiläumsjahr des heiligen Kilian – eine Messe, die über ihre liturgische und lokale Bedeutung hinaus auch in der Kirchenmusikgeschichte einen Markstein darstellt: die erste große Festmesse in der Volkssprache mit Beteiligung der ganzen Gemeinde im deutschen Sprachgebiet. Die Dommesse gab zudem Anstoß, auch den kleineren Chören der Diözese Hilfe für ihren Dienst in der erneuerten Liturgie zu geben: in Verbindung mit dem Bischöflichen Ordinariat gab der Echter Verlag eine Reihe von mehrstimmigen deutschen »Meßproprien« mit Beteiligung der Gemeinde heraus. Zu dieser Reihe hat der damalige Domkantor Otmar Faulstich ein »Proprium« zum Fest der Frankenapostel geschaffen, das auch heute noch sehr empfehlenswert ist.
Ein kurzer Blick auf das neueste und wohl bedeutendste Werk aller »Kiliansmusik« soll unsere Betrachtung beschließen: das Oratorium »Der Schrein der Märtyrer«. Die Textgestaltung besorgte Bischof Paul-Werner. Hier ist ein Musikwerk entstanden, das man sich nicht anhört, in das man vielmehr einbezogen wird, weil der ganze Raum des Domes zum Klingen kommt.
Bertold Hummel, der Komponist, spricht von Kathedralstil, dem sein Werk verpflichtet ist, das heißt, daß er es auf die Akustik des Domes, seiner vielen Möglichkeiten der Aufstellung, der Sänger und Instrumentalisten ausgerichtet hat. Solches Musizieren hat seinen Vorläufer und zugleich einen ersten Höhepunkt am St. Markusdom in Venedig des 16. Jahrhunderts, wo die mehrchörige vokale wie instrumentale Kirchenmusik ihren Ausgang nahm.

Die Ausführungen haben wohl deutlich gemacht, daß die Musik zu Ehren der Frankenapostel sich sehr wohl im Reigen der Werke aus den anderen Kunstbereichen behaupten kann, daß Kilian nicht nur ein Lokalheiliger Würzburgs ist, daß die bedeutendsten Musikwerke für ihn erst in den letzten Jahrzehnten entstanden sind und die Musik, als die lebendigste aller Künste, damit bezeugt, daß Kilian in unserem Bistum lebt. Gerade das große Oratorium »Der Schrein der Märtyrer« kann einen wichtigen Beitrag dazu leisten, »... daß das, was die Frankenapostel bewegt hat, aufs neue Menschen unserer Zeit bewegt«.

Das Oratorium »Der Schrein der Märtyrer« von Bertold Hummel

Bischof Paul-Werner Scheele

In keinem Jahrhundert hat es so viele Märtyrer gegeben wie in unserem; keine Zeit bedarf so sehr wie die unsere der Märtyrer im Ursprungssinn des Wortes: der glaubwürdigen, einsatzbereiten, treuen und tapferen Zeugen der Heilswahrheit. In diesem Kontext ist der »Schrein der Märtyrer« zu sehen, der 1300 Jahre nach dem Martyrium der Frankenapostel Kilian, Kolonat und Totnan konzipiert und komponiert wurde. In aller konkreten Bezogenheit auf das Zeugnis der irischen Missionare aus dem siebten Jahrhundert weist er weit über diese hinaus auf Grundgegebenheiten, die jedermann unbedingt angehen. Es ist so wie bei den kunstvollen Schreinen aus Holz, Stein oder Metall, die in früheren Zeiten erstellt wurden; bei diesen ging es nicht nur darum, ehrfürchtig zu bergen, was an das Leben und Wirken der Heiligen erinnern konnte; sie sollten zugleich auf die eine oder andere Weise zum Ausdruck bringen, was man ihnen speziell verdankt, und vor allem, was sie uns zu sagen und zu geben haben. Daß diese Schreine bevorzugt in Altären oder auf ihnen ihren Platz fanden, macht deutlich, daß die durch sie Geehrten im Zusammenhang mit dem Opfer Jesu Christi zu sehen sind. Nur von ihm her ist es möglich, daß schwache Menschen siegreiche Märtyrer werden; in allem, was sie tun und leiden, sind sie wiederum auf den gekreuzigten Herrn ausgerichtet. Sie sind qualifizierte Zeugen seiner Hingabe bis zum Letzten wie seines endgültigen Sieges über alle Lieblosigkeit. Daß man Schreine des öfteren in Prozessionen mitführte, wirft Licht auf ein weiteres Faktum: Die Märtyrer gehören zum wandernden Gottesvolk; aus ihm haben sie ihre Kraft geschöpft, in seinem Dienst haben sie ihr Werk vollbracht, ihm bleiben sie auch nach dem irdischen Tod verbunden. Die durch Gottes Gnade Vollendeten sind dem Volk Gottes besonders innig verbunden; es kann sich nach ihrem Vorbild ausrichten, es kann ihre Spur aufnehmen und dabei auf ihre Hilfe vertrauen.

Der neue Schrein aus Wort und Musik ist im Zusammenhang mit all diesen Gegebenheiten zu sehen. Er ist ein vielstimmiges, dynamisches Zeugnis dessen, was Gott in seinen Heiligen gewirkt hat, und was er uns durch sie vermitteln will. So ist er zuerst Lobpreis des Dreifaltigen Gottes, der sich uns in Jesus Christus offenbart hat. Indem er das Geschick der Märtyrer besingt, dankt er für das Geschenk der Gnade. Daß auch dieser Schrein zum Weg des Gottesvolkes durch die Zeit gehört, machen die groß angelegten Ecksätze eindringlich bewußt. An ihrem Anfang stehen jeweils die Worte:

»Heute gürte ich mich mit einer großen Macht
auf meinem Weg zum Schöpfer hin.«

So beginnt die »Lorica Patricks«, das Gebet, mit dem sich ungezählte Iren seit Jahrhunderten Tag für Tag auf den Weg gemacht haben. Im Andenken an ihren großen Nationalpatron suchen sie auf diese Weise dem Appell des Völkerapostels Folge zu leisten: »Wir wollen nüchtern sein und uns rüsten mit dem Panzer des Glaubens und der Liebe (lorica fidei et caritatis)« (1 Thess 5,8).

Bewußt wurde das Oratorium im Blick auf den Würzburger Kiliansdom gestaltet. In einem gewissen Sinn ist die ganze Kathedrale ein monumentaler, kostbarer »Schrein der Märtyrer«, deren Häupter im Hochaltar beigesetzt sind. Das läßt an eine Schlüsselszene der Apokalypse denken, die sich vor dem Thron des Allerhöchsten zuträgt und vom Lamm Gottes ausgelöst wird. Johannes berichtet: »Ich sah unter dem Altar die Seelen aller, die hingeschlachtet worden waren wegen des Wortes Gottes und wegen des Zeugnisses, das sie abgelegt hatten. Sie riefen mit lauter Stimme« (Offb 6,9 f.).

Mit aller Gewalt hat man die Märtyrer nicht zum Schweigen bringen können. Ihr Tod hat sie noch inniger mit ihrem Herrn verbunden, als sie es vorher sein konnten; ihre Stimme ist klang- und liebevoller als zuvor. Sie ist der Verherrlichung Gottes gewidmet, dem Kommen seines Reiches und der Hilfe für ihre Geschwister.

Das gesamte Oratorium ist darauf ausgerichtet, mit den musikalischen Mitteln unserer Zeit wieder- und weiterzugeben, was diese Stimme der Märtyrer zu sagen hat. Dabei werden die Gegebenheiten des Domes nach Kräften in das Werk einbezogen. Die Musik erklingt an verschiedenen Stellen: im Chorbereich, auf der großen Orgelempore im Westen, von der kleinen, seitlich gelegenen Orgelbühne her und aus der Krypta heraus. Alle drei Orgeln haben einzeln wie im Zusammenspiel ihren je verschiedenen Beitrag einzubringen. Über allem steht die Gestalt des wiederkommenden Herrn, der im Hochchor im Kreis seiner Heiligen zu sehen ist.

Die Struktur des Oratoriums entspricht weitgehend der des von Heinrich Gerhard Bücker gestalteten Bronzeschreines, der seit 1987 auf dem Altar der Kiliansgruft in der Neumünsterkirche steht, an der Stätte also, die wie keine andere an die Ermordung der Frankenapostel erinnert. Die Ecksätze nehmen Motive und Worte der beiden Giebelseiten auf. Zuerst und zuletzt sind Blick und Gesang auf den dreieinigen Gott ausgerichtet. Er ist »Meer, Quelle, Mündung« alles Guten, zumal der Heiligkeit. Er wird verherrlicht als »der Ursprung all unserer Güter«; ihm wird gesagt: »Aus dir erfließt unser Gut, in dich mündet's.«

Dem Aufbau des Schreines folgend sind zweimal drei Doppelsätze biblischen Geheimnissen und den korrespondierenden Ereignissen im Leben der Märtyrer gewidmet; die ersten wurden in lateinischer, die letzteren in deutscher Sprache wiedergegeben. Die Texte des Neuen Testamentes, die am Bronzeschrein die einzelnen Reliefs umrahmen, werden jeweils im Chorraum von einem Bariton gesungen, dem die Aufgabe des Evangelisten zugewiesen ist. Es schließen sich Schrifttexte an, in denen die biblisch bezeugten Fakten reflektiert, meditiert, gefeiert oder verkündet werden. Die so bezeugte Christuswahrheit ist die unabdingbare Voraussetzung des Märtyrertums. Nur von Christus her sind Märtyrer möglich, wirklich und wirksam. Die Märtyrer wiederum sind besonders hervorragende Christuszeugen. In ihrem Leben und Leiden weisen sie auf ihn hin und vermitteln ihren Mitmenschen seine Wahrheit, sein Leben und seine Liebe. Das geschieht in immer neuen Formen.

Die Frankenapostel haben es als Iren des siebten Jahrhunderts verwirklicht; mit Würzburg verbundene Autoren haben ihre Deutung und Wertung in der Passio Kiliani und in liturgischen Gesängen zum Ausdruck gebracht. Beide Komponenten prägen die Teile, die sich unmittelbar auf die Märtyrer beziehen. Am Anfang steht jeweils ein kurzer Text, in dem ein Tenor in der Rolle des heiligen Kilian die Ausgangssituation markiert. Das geschieht, indem aus Irland überlieferte Worte aufgegriffen werden. Ein Sprecher trägt sodann die Passage aus der Passio Kiliani vor, die zu der jeweiligen Szene gehört. Er hat seinen Platz auf der großen Orgelbühne und wird von Schlagzeug- und Orgelmusik begleitet. Analog zu den biblischen Abschnitten reihen sich Zeugnisse an, in denen das Geschehen ausgelegt wird. Bevorzugt wird dabei auf irische Texte zurückgegriffen. Aufs Ganze gesehen spiegeln sie auf mannigfache Weise das reiche Erbe Irlands wider. Große Heilige kommen zu Wort wie Patrick, Columcille und Kolumban. Mehr noch sprechen Menschen zu uns, deren Namen wir nicht kennen. Schlichte Prosa ist zu hören und ebenso noble Poesie. Manches konnte wörtlich aufgenommen werden, anderes wurde den musikalischen Erfordernissen gemäß frei geformt. Ge-

Domkapellmeister Siegfried Koesler leitete die Uraufführung des Oratoriums am 14. Juli 1989 im Würzburger Kiliansdom.

wiß wurden etliche der aus dem alten Irland stammenden Texte früher gesungen. Bislang hat die Forschung es nicht vermocht, die ursprünglichen Melodien und Harmonien zu ermitteln. Um so schöner ist es, daß die Stimme der Iren nunmehr im Oratorium im Singen zur Wirkung kommt.
Der abschließende Satz schlägt formal wie ideell die Brücke zum Beginn des Oratoriums. Erneut erklingt die Lorica Patricks, nun erweitert um den Bezug auf die Heiligen:

»Ich erhebe mich heute
in der Verkündigung der Apostel,
im Glauben der Bekenner,
im Zeugnis der Märtyrer.«

Verse aus der mittelalterlichen lateinischen Kilianssequenz folgen. In ihnen sind ursprüngliche Choralmelodien und archaische Klänge mit modernen Ausdrucksformen verbunden. Dann wird das große Halleluja angestimmt, das alle Mitwirkenden vereint. Wie der Psalm 150 den biblischen Psalter krönt, so bildet er im Oratorium die glanzvolle Schlußapotheose. Am Ende steht die Doxologie. Der zu Beginn gesungene Vers: »Ehre sei dem Vater und dem Sohn und dem Heiligen Geist« erklingt erneut; jetzt wird er mit den Worten vervollständigt: »Wie im Anfang, so auch jetzt und alle Zeit und in Ewigkeit. Amen.«
Zu den großen Möglichkeiten des Musizierens gehört es, Unterschiedlichstes gleichzeitig erklingen zu lassen. Der Komponist kann zusammenbringen, was sonst weit auseinanderklafft. Im »Schrein der Märtyrer« ist das in faszinierender Weise geschehen. Hier ist erstaunlich Vieles und Unterschiedliches in mannigfachen musikalischen Formen zu einer lebendigen Einheit verbunden: zentrale Geheimnisse des christlichen Glaubens, wichtige Ereignisse unserer Geschichte, eindrucksvolle Texte aus diversen Ländern und Zeiten – alles in allem: Gegebenheiten, die jeden einzelnen betreffen. Deshalb lädt das Oratorium nicht bloß zu genußreichem Hören ein; es fordert zur persönlichen Stellungnahme heraus, mehr noch: es kann sie im wahrsten Sinn des Wortes animieren.

Über 2000 Zuhörer waren zur Uraufführung des Oratoriums »Der Schrein der Märtyrer« in den Würzburger Kiliansdom gekommen. Im Hintergrund die Domorgel, die mit der Chororgel im Seitenschiff, Orchester, Chor und Solisten, den ganzen Raum des Domes zum Klingen gebracht hat.

Mitte der Diözese und Mutterkirche des Bistums: Der Kiliansdom in Würzburg. Generationen haben an diesem Gotteshaus gebaut, Künstler aus vielen Ländern zu seinem Erscheinungsbild beigetragen. Ein mächtiges Bauwerk, das auch im Bild einer modernen Stadt nicht untergeht; steingewordenes Zeugnis des Glaubens.

Im Hinblick auf die 1300-Jahr-Feier der Mission und des Martyriums der Frankenapostel Kilian, Kolonat und Totnan wurde der Chorraum des Würzburger Domes neu gestaltet. Im Mittelpunkt steht die Darstellung des wiederkommenden Christus.

Unser Kiliansdom

Bischof Paul-Werner Scheele

Wenn wir den Dom betreten, kommen wir an eine wichtige Wegkreuzung. Viele Wege laufen hier zusammen.

Jeder einzelne von uns kommt aus seiner Welt: seiner Familie, seiner Wohnung, seiner Arbeitsstätte. Jeder bringt seine Geschichte mit. Lichte und dunkle Ereignisse haben unseren Lebensweg bestimmt und geprägt. Sie gehen mit uns, auch wenn uns das nicht bewußt ist. Jeder findet sich auf einer bestimmten Station seines Weges. Die Strecke, die hinter uns liegt, können wir zu einem guten Teil überschauen. Das Stück vor uns kennen wir nicht. Vor allem aber wissen wir nicht, wie groß oder wie klein es ist.

Hier im Dom laufen nun diese Wege zusammen. Für eine kurze Zeit vereinen sie sich. Miteinander können wir innehalten, uns besinnen, uns orientieren und neue Kraft für die Fortsetzung unseres Weges suchen.

Was für jeden von uns persönlich zutrifft, gilt für viele, ja für alle Generationen. Viele vor uns haben den Weg zum Dom eingeschlagen. Viele sind hierher getragen worden: zuerst als Kinder und dann wieder zum Requiem und zur Beerdigung. Viele sind hierher gekommen, um den Dom aufzubauen und zu gestalten. So finden wir Spuren aus den verschiedensten Jahrhunderten. Wie uns die Jahresringe eines Baumstamms Aufschluß über sein Alter und über fruchtbare und unfruchtbare Zeiten geben, so spiegelt sich in unserem Dom die Geschichte unserer Diözese von ihren Anfängen bis hin zu uns.

Grab- und Denkmäler konfrontieren uns mit Menschen, die lange vor uns gelebt haben. Große Persönlichkeiten sind darunter, die jedermann kennt, und andere, deren Namen nur noch wenigen Experten vertraut sind. In der Regel war das Mittelschiff den Bischöfen vorbehalten, die Dignitäre genannten Würdenträger durften im Querhaus bestattet werden, die anderen Domherren fanden ihre letzte Ruhestätte in der Sepultur. Im Kreuzgang wurden die Domvikare und verdiente Laien beigesetzt.

Nennen wir einige aus der langen Reihe: Am ersten Pfeiler links im Langhaus ist das romanische Denkmal des Bischofs Gottfried von Spitzenberg († 1190); am 24. Oktober 1188 hat er unseren

Dom feierlich geweiht. Repräsentant der Gotik ist Otto von Wolfskeel († 1345); seine durchgeistigte Gestalt kann die Turbulenzen seiner Amtszeit vergessen lassen. Eine letzte großartige Blüte gotischer Grabplastik ist der Gedenkstein für Rudolf von Scherenberg († 1495), den wir Tilman Riemenschneider verdanken. Zwischen diesem Monument und dem benachbarten aus derselben Meisterhand für den großen Humanisten Lorenz von Bibra († 1519) liegt der Beginn der Reformation, die auch die Gestalt unserer Diözese tiefgreifend verändert hat.
Formen der Renaissance signalisieren den Anbruch einer neuen Epoche. Unmittelbar daran schließt sich der Gedenkstein für einen der größten Würzburger Bischöfe an, für Julius Echter († 1617), Gründer des nach ihm benannten Spitals und der Universität, den entschlossen um wesentliche Reformen Bemühten. Unter seiner Leitung errichtete Kirchen prägen mit ihren charakteristischen Türmen weit und breit das Bild Unterfrankens. An die Schönborn-Bischöfe erinnnert die von Baltasar Neumann erbaute Kapelle, die zugleich Zeugnis ihres Kunstsinnes ist. Auf die begnadeten Oberhirten, die unsere Generation erlebt hat, verweisen die Gedenktafeln für Matthias Ehrenfried († 1948) und Julius Döpfner († 1976) und die von Max Walter gestaltete Grabstätte von Bischof Josef Stangl († 1979) in der Krypta.
Eigentlich sind alle Kunstwerke des Domes Wegmarkierungen unserer Vorfahren: Sie haben sie in Auftrag gegeben und haben dafür geopfert, sie haben sie erdacht und gemacht. Was sie bewegte, haben sie in ihnen zum Ausdruck gebracht. Selbst wenn manches nur in Fragmenten erhalten geblieben ist, hat es uns Wichtiges zu sagen. Alle diese Werke sind dem zentralen Weg zugeordnet, der mitten durch den Dom verläuft. Er verweist uns auf den Gesamtweg der Menschheit.
Wenn abends das Dunkel draußen die Lichter hervortreten läßt, sieht man durch das offene Portal Lampen von Fahrzeugen, die sich auf uns zu bewegen. Sie leuchten auf der Linie des Mittelgangs auf und markieren dessen Verlängerung. Diese will mitgesehen und mitbedacht werden, wenn wir den zentralen Weg richtig verstehen wollen. Er beginnt irgendwo in weiter Ferne und läuft schließlich über die alte Mainbrücke und die in ihrem Grundduktus noch ältere Domstraße direkt auf das *Domportal* zu. Dort ist ein Kunstwerk zu sehen, das uns den Anfang aller Erdenwege vor Auge und Seele stellt. Das 1964–1967 von dem aus Würzburg stammenden Münchener Bildhauer Fritz Koenig gestaltete Westportal stellt die Erschaffung der Welt und des Menschen sowie den Sündenfall dar.

Konfrontiert uns das geschlossene Portal mit dem Urbeginn allen geschöpflichen Lebens, so erinnert uns der stattliche *siebenarmige Leuchter,* der uns nach dem Betreten des Domes zunächst ins Auge fällt, an den adventlichen Weg der Heilsgeschichte. Die von dem 1982 in Würzburg verstorbenen Künstler Andreas Moritz geschaffene drei Meter hohe Menora läßt an den Tempel des alten Gottesvolkes denken, den Vorläufer aller christlichen Gotteshäuser. Auf den Tempel von Jerusalem weisen auch die beiden kunstvollen Säulen hin, die rechts vom siebenarmigen Leuchter vor

An den Tempel des alten Gottesvolkes erinnert der siebenarmige Leuchter im hinteren Teil des Domes. Das Foto entstand frühmorgens am 4. Juni 1989, als die Teilnehmer der KAB-Nachtwallfahrt in den Dom einzogen.

dem Eingang zur Taufkapelle stehen. In sie sind die Namen der beiden ehernen Säulen aus dem Tempel Salomos eingemeißelt: Booz (= In ihm ist Stärke) und Jachim (= Gott wird befestigen bzw. Gott hat befestigt) (1 Kön 7,21f.; Chr 3,17).
Geradewegs führt uns der Mittelgang in die Herzmitte des Domes, an den *Hauptaltar*. Über ihm erblicken wir die Gestalt des Herrn am Kreuz. Der Gipfel der Heilsgeschichte rückt in den Blick: Jesu Kreuzestod auf Golgota zum Heil der Welt. In der Feier der Eucharistie ist der Herr als der für uns Geopferte unter uns. In der *Chorapsis* sehen wir den Herrn, wie er auf uns zukommt.
Damit ist eine ganz neue Wegkreuzung angezeigt. Ein letzter Weg zeichnet sich ab, der in Wirklichkeit der erste und wichtigste ist: Gott selbst kommt uns entgegen. Er geht auf uns zu. Er begegnet uns. Er spricht uns an. Er beschenkt uns. Genaugesehen ist alles Geschenk, von der ersten Schöpfung bis zur letzten. Gottes Schöpfung ist zuerst sein Weg zu uns, bevor sie Beginn aller kreatürlichen Wege sein kann. Die Kreaturen können sich auf den Weg machen, weil der Creator sie ins Dasein ruft und auf das beste Ziel ausrichtet, das für sie möglich ist. Er ist in einzigartiger Weise ihr Wegbereiter und Wegbegleiter. Ein alter irischer Text spricht bewegend von dieser Urgegebenheit und ihrer aktuellen Bedeutung. Ein uns Unbekannter, der uns gleichwohl innerlich nahesteht, betet:

»Gott vor mir,
Gott hinter mir,
Gott über mir,
Gott unter mir,
auf Gottes Wegen gehe ich,
und Gott in meiner Spur.«

Wer immer *Orientierung* sucht, kann sie im Dom finden. Im äußersten Orient des Dominneren, in seinem östlichsten Teil, ist die Gestalt des auf uns zukommenden Herrn zu sehen. Er ist der eine und einzige Mittler zwischen Himmel und Erde. Er hat »den Schlüssel Davids, der öffnet, so daß niemand mehr schließen kann, der schließt, so daß niemand mehr öffnen kann« (Offb 3,7). Er erschließt den Zugang zu Himmel und Erde und ihren Sinn. Wie niemand sonst ist er mit beiden verbunden: Er ist in einzigartiger Weise mit Himmel und Erde vereint. Er ist für beide vom Vater hingegeben und lebt für immer in uneingeschränkter Hingabe für sie. Dieser dreifache Bezug des Herrn zum Himmel und zur Erde und damit zu uns kann uns bewußt werden, wenn wir dem inneren Zusammenhang der Kunstwerke im *Hochchor* nachspü-

Christus, der Mittler zwischen Himmel und Erde, ist die zentrale Figur im neugestalteten Hochchor des Würzburger Domes.

Der Zustand des Kiliansdoms vor der Zerstörung am 16. März 1945 (Blick vom Westportal).

Der Kiliansdom (vom Hauptchor aus gesehen) nach der Bombennacht des 16. März 1945.

ren. Kein einziges ist isoliert für sich zu sehen, jedes hat mit jedem und so mit uns zu tun.

Durch die Zerstörungen, die der Luftangriff vom 16. März 1945 verursachte, wurden dem Dom viele Wunden geschlagen. Unter einer besonders schmerzlichen hatte der Chorraum zu leiden. Sie trübte die Freude über all das, was die Katastrophe überdauert hatte. Etliches von der Stuckpracht unter der Decke und im oberen Wandbereich war erstaunlicherweise erhalten geblieben. In intensiver Bemühung konnte es wieder so weit ergänzt und erneuert werden, daß der ursprüngliche Glanz wieder in Erscheinung trat.

Unwiederbringlich dahin waren der Hochaltar und das Chorgestühl, die Kunstwerke, die eine lebendige Verbindung zwischen unten und oben und umgekehrt bildeten. Die so entstandene Lücke wurde durch den Wiederaufbau nicht geschlossen. So rückte die Decke und ihre Aussage weit vom Betrachter weg. Manche hatten den Eindruck, ins Leere zu schauen, und empfanden das, was man in früheren Zeiten Horor vacui genannt hatte.

Durch die 1987/88 verwirklichte Neugestaltung ist nun die Verbindung aufs neue hergestellt. Selbst wenn man den Sinn der einzelnen Werke von Künstlern unserer Zeit außer acht läßt, kann man erkennen, daß jetzt ein umfassender, organischer Zusammenhang gegeben ist. So unterschiedlich die einzelnen Elemente sein mögen, sie bilden miteinander ein großes Ganzes. Öffnet man sich dem, was die einzelnen Kunstwerke uns sagen und geben können, dann verdichtet sich das Netz der Beziehungen.

Jesus Christus ist ihr A und Ω, ihr festes Fundament und ihre lebendige Mitte. Wie er optisch in der Mitte ist zwischen der oben dargestellten Herrlichkeit und der Basis, auf der wir uns befinden, so ist er in Wahrheit der eine Mittler, der vom ewigen Vater zwischen Himmel und Erde gestellt ist. Er ist es zeit seines irdischen Lebens, er ist es vollends bei seiner Wiederkunft, die dem neuen Himmel und der neuen Erde voraufgeht. Paulus sagte von seinem Weg zu uns und wiederum zurück zum Vater:

»Er war Gott gleich,
hielt aber nicht daran fest, wie Gott zu sein,
sondern er entäußerte sich
und wurde wie ein Sklave
und den Menschen gleich.
Sein Leben war das eines Menschen;
er erniedrigte sich
und war gehorsam bis zum Tod,
bis zum Tod am Kreuz.
Darum hat ihn Gott über alle erhöht
und ihm den Namen verliehen,
der größer ist als alle Namen,
damit alle im Himmel,
auf der Erde und unter der Erde

ihre Knie beugen vor dem Namen Jesu
und jeder Mund bekennt:
›Jesus Christus ist der Herr‹ –
zur Ehre Gottes, des Vaters« (Phil 2, 6–11).

Sein Kommen am Ende der Welt geschieht kraft derselben Liebe, die das Begonnene vollendet. Es erfüllt sich, was Jesus unmittelbar vor seinem Leiden und Sterben beim Verhör vor dem Hohen Rat verheißen hat: »Ihr werdet den Menschensohn zur Rechten der Macht sitzen und mit den Wolken des Himmels kommen sehen« (Mk 14,62).

Von der Herrlichkeit, die Gottes Sohn seit eh und je beim Vater hatte, bevor die Welt war (vgl. Joh 17,5), spricht das Meisterwerk Giovanni Pietro Magnos, die strahlenumgebene Darstellung des dreieinigen Gottes am Scheitel des Apsisbogens. Der Vater und der Sohn sind einander und der Welt zugewandt. Die Rechte Gottvaters scheint gleicherweise den Sohn und die Erde zu segnen und den Heiligen Geist zu senden, der im Symbol der Taufe dargestellt ist. Der Sohn empfängt mit ausgebreiteten Armen, was der Vater gibt, und schenkt es weiter. Mit welcher Konsequenz das geschieht, sagt das Kreuz, das er oben umfaßt, während ein Engel es unten hält und zugleich von ihm gehalten wird.

Von dieser zentralen Gruppe her sind alle anderen Stuckelemente zu sehen: Engel und Menschen, Tiere und Pflanzen, geometrische Figuren und abstrakte Formen. Sie alle gehören zum »Thronsaal der himmlischen Herrlichkeit« (Rudolf Edwin Kuhn). Besonders herausgestellt wird die Gottesmutter, deren Haupt von zwölf Sternen umkränzt ist, wie es im letzten Buch der Bibel geschildert wird (Offb 12,1). Rechts und links von ihr schließen sich die zwölf Apostel an.

Aus dieser Herrlichkeit heraus tritt Gottes Sohn in Menschengestalt in diese Welt. Mit ausgebreiteten Armen und geöffneten Händen kommt er uns entgegen. Er lädt uns ein, an seinem Leben Anteil zu haben. Er will die Herrlichkeit, die er vom Vater empfangen hat, denen mitteilen, die sich ihm anvertrauen (vgl. Joh 17,22). Damit das wahr wird, nimmt er nicht zeitweise eine Position zwischen Himmel und Erde ein, um sie nach vollbrachter Tat wieder zu verlassen. Indem er Mensch wird, vereint er für immer Himmel und Erde, Gottheit und Menschheit in seiner Person.

In der zentralen Dreifaltigkeitsgruppe Magnos ist ein doppeltes Dreieck zu sehen: ein großes, das von den Gestalten der drei göttlichen Personen gebildet wird, und in diesem ein kleines, das sich zwischen deren Köpfen abzeichnet. Zum Bild des auf uns zukommenden Herrn gehören Kreis- und Quadratformen, Symbole des Himmels und der Schöpfung. In ihrer Verbundenheit mit dem Herrn und miteinander sind sie ein Sinnbild der bleibenden, lebendigen Einheit von Himmel und Erde im menschgewordenen Gottessohn.

Christus steht in der Mitte von zwei ineinandergefügten goldenen Kreisscheiben. Sie sind mehr als ein glänzender Hintergrund, sie gehören zu ihm. Sie werfen Licht auf sein Wesen und Wollen. Spontan lassen die strahlenden Scheiben an die *Sonne* denken, von deren Licht und Wärme alles Leben auf unserer Erde abhängt. Seit der Frühzeit der Kirche hat man in ihr ein Symbol Jesu Christi gesehen, den wir im Credo als »Licht vom Licht« bekennen. In einem Hymnus, den wir Ambrosius verdanken, heißt es:

»Du Abglanz von des Vaters Pracht,
du bringst aus Licht das Licht hervor,
du Licht vom Licht, des Lichtes Quell,
du Tag, der unsern Tag erhellt.

Du wahre Sonne, brich herein,
du Sonne, die nicht untergeht,
und mit des Geistes lichtem Strahl
dring tief in unserer Sinne Grund«
(Stundenbuch I 392).

Als Bild des Vaters und des Sohnes ist die Sonne auch Zeichen für die himmlische Herrlichkeit. Die unserem Auge sich bietende *Kreisform* ist ein treffliches Symbol der Unendlichkeit und der Vollkommenheit, hat sie doch weder Anfang und Ende, noch Ekken und Kanten. Diese finden wir in dem *Quadrat,* das hinter den Goldscheiben zu sehen ist. Es ist ein Sinnbild der Schöpfung, die aus der göttlichen Sonne hervorgegangen ist und von ihr erhalten und erhellt wird. Engel und Menschen sind in dem Geviert dargestellt, Repräsentanten der sichtbaren und unsichtbaren Welt, von deren Erschaffung der erste Artikel des Credos spricht. Wie an den Anfang aller Kreaturen, so lassen sie zugleich an deren Ende denken. Es soll nach Gottes Willen ihre Vollendung sein. Die Offenbarung des Johannes bezeugt uns das von der ersten bis zur letzten Seite. Immer wieder spricht sie von den Engeln, die vor Gottes Thron stehen. Sie sind durchdrungen von der göttlichen Herrlichkeit. Sie besingen sie im Lobpreis und stehen als Zeugen und Boten in ihrem Dienst. Mit ihnen sind die vierundzwanzig Ältesten vereint. Sie repräsentieren die Menschheit im allgemeinen und das Gottesvolk im besonderen, lassen sie doch an die zwölf Stammväter Israels und an die zwölf Apostel denken. Sie preisen den Herrn und beten ihn an. Sie bringen ihre Gaben und singen das neue Lied. Sie ehren das Lamm, das geschlachtet ist und gleichwohl lebt und Leben gibt:

»Würdig bist du,
das Buch zu nehmen und seine Siegel zu öffnen;
denn du wurdest geschlachtet
und hast mit deinem Blut
Menschen für Gott erworben
aus allen Stämmen und Sprachen,
aus allen Nationen und Völkern«
(Offb 5,9).

Die Engel stimmen in diesen Lobpreis ein und führen ihn weiter, so daß am Ende alle Kreaturen miteinander Gott verherrlichen. So hat es der Seher auf Patmos festgehalten: »Ich sah, und ich hörte die Stimme von vielen Engeln rings um den Thron und um die Lebewesen und die Ältesten; die Zahl der Engel war zehntausendmal zehntausend und tausendmal tausend. Sie riefen mit lauter Stimme:

Würdig ist das Lamm, das geschlachtet wurde,
Macht zu empfangen, Reichtum und Weisheit,
Kraft und Ehre, Herrlichkeit und Lob.

Und alle Geschöpfe im Himmel und auf der Erde, unter der Erde und auf dem Meer, alles, was in der Welt ist, hörte ich sprechen:

Ihm, der auf dem Thron sitzt, und dem Lamm
gebühren Lob und Ehre und Herrlichkeit und Kraft
in alle Ewigkeit
(Offb 5,11–13).

Damit ist zugleich ein Bild der Himmel und Erde umfassenden *Liturgie* gegeben, das uns bewußt machen kann, in welchen Dimensionen unsere Liturgie im Dom wie in unserem ganzen Leben gesehen und verwirklicht werden will.
Ein weiteres Symbol des in Christus konstituierten Miteinanders von Himmel und Erde findet sich zu Füßen des Herrn: das himmlische Jerusalem. Auch hier ist er die lebendige Mitte. Das Bild des Lammes macht deutlich, wie er es ist: nicht als Machthaber, der das Blut anderer vergießt, sondern als der Liebende, der sich selbst für Freund und Feind hingibt.
Im vorletzten Kapitel der Heiligen Schrift schildert Johannes ergriffen, wie ihm »die heilige Stadt Jerusalem« gezeigt wurde: »wie sie von Gott her aus dem Himmel herabkam, erfüllt von der Herrlichkeit Gottes. Sie glänzte wie ein kostbarer Edelstein... Die Stadt hat eine große und hohe Mauer mit zwölf Toren« (Offb 21,10–12). Sie ist »aus reinem Gold, wie aus reinem Glas. Die Grundsteine der Stadtmauer sind mit edlen Steinen aller Art geschmückt« (Offb 21,18f.). Diesem Zeugnis gemäß ist die Stadt Gottes im Goldglanz und mit Perlen geziert dargestellt. In Form und Farbe ist übersetzt, was ein Unbekannter etwa zu Lebzeiten Kilians in die Worte faßte, die heute noch am Kirchweihfest gebetet werden:

Die Darstellung des Lammes im Hochchor: Symbol für den, der sich für Freund und Feind hingibt.

»Sel'ge Stätte voll des Friedens,
neue Stadt Jerusalem,
die erbaut ist in den Himmeln
aus lebendigem Gestein
und im Lichtgeleit der Engel
strahlt wie eine junge Braut.

Im Geschmeide ihrer Schönheit
steigt vom Himmel sie herab,
hold bereitet, voll Verlangen,
ihrem Herrn vermählt zu sein.
Ihre Straßen, ihre Mauern
sind aus reinem Gold erbaut.

Perlen schimmern auf den Toren,
deren Flügel offenstehn,
freundlich Einlaß zu gewähren
in des Lammes Heiligtum
jedem, der für Christi Namen
in der Welt Bedrängnis litt«
(Stundenbuch I 867).

Vom Himmel herab kommt die Gottesstadt und ist mit seinem Glanz erfüllt. Zugleich ist und bleibt sie mit der Erde verbunden. Ihr Name weist darauf hin. Als das neue Jerusalem hat sie es mit einer langen Geschichte zu tun, die in heidnischer Zeit ihren Anfang nahm und seit David alle Höhen und Tiefen durchmessen hat, die Menschen beschieden sein können. Die Stadt Jerusalem und ihr Geschick ist geradezu wie eine Summe der menschlichen Geschichte. Auch wenn diese nicht aus Eigenem zur Erfüllung gelangt, wird sie doch vom Herrn zur Erfüllung gebracht. Die »von oben« kommende Gnade zerstört nicht, sie vollendet. Der Herr, der in der Mitte seiner Stadt wohnen will, ist für sie da und für alle, die zu ihr gehören.

Johannes sieht ihn nicht in der Gestalt des machtvollen Herrschers, der alles unterwirft, sondern in der des Lammes, das für alle geopfert wird und dieses vom Vater verfügte Geschehen uneingeschränkt bejaht: »Die Stadt braucht weder Sonne noch Mond, die ihr leuchten. Denn die Herrlichkeit Gottes erleuchtet sie, und ihre Leuchte ist das Lamm« (Offb 21,23). Nochmals wird die Bezogenheit zur ganzen Menschheit und ihrer Geschichte angesprochen, wenn es heißt: »Die Völker werden in diesem Licht einhergehen, und die Könige der Erde werden ihre Pracht in die Stadt bringen. Ihre Tore werden den ganzen Tag nicht geschlossen – Nacht wird es dort nicht mehr geben. Und man wird die Pracht und die Kostbarkeiten der Völker in die Stadt bringen« (Offb 21,24–26). Ein klingendes Echo dieser Frohbotschaft vernehmen wir in dem eben erwähnten Kirchweihhymnus; seine vorletzte Strophe lautet:

»Fremd ist dieser Stadt das Dunkel:
ihre Sonne ist das Lamm.
Unaufhörlich tönt der Jubel,
niemals endet ihr Gesang,
ewig preisen ihre Lieder
den, der strahlend in ihr wohnt«
(Stundenbuch I 868).

Nochmals tritt das Bild der göttlichen *Sonne* in unseren Blick. Es ist auch ein Zeichen der Hingabe des Herrn für die Seinen. Ambrosius, der uns den Hymnus von der wahren Sonne geschenkt hat, sagt in einer Predigt von ihrem hingebenden Wirken: »Wie die Sonne täglich aufgeht über dem All, so geht die mystische Sonne der Gerechtigkeit allen auf, für alle ist sie erschienen, für alle hat sie gelitten, für alle ist sie auferstanden« (Rede Nr. 57).

An den Einsatz Jesu für alle läßt auch das lebendige *Wasser* denken, das die Erde aufblühen und Frucht bringen läßt. Johannes wird seine Quelle wie seine unerschöpfliche Fülle gezeigt. Er sieht »einen Strom, das Wasser des Lebens, klar wie Kristall; es geht vom Thron Gottes und des Lammes aus« (Offb 22,1). Wohin es gelangt, da sprießt und wächst es. War im Paradiesbericht von dem einen Baum des Lebens die Rede (Gen 2,9), so spricht der Seher jetzt von vielen Bäumen des Lebens und ihrem Segen: »Zwölfmal tragen sie Früchte, jeden Monat einmal; und die Blätter der Bäume wirken zur Heilung der Völker« (Offb 22,2). Diesem Zeugnis gemäß gehört zum Bild des Herrn und des Lammes der golden erstrahlende Strom des Lebens, der geradewegs in unsere Welt hineinfließt in Richtung auf die Mittelachse des Domes. Seine Fruchtbarkeit bekunden Zweige, Blüten und Früchte. Mehr noch tun es die Heiligen, denen das Wasser des Lebens zugute kommt. Unmittelbar sichtbar wird das beim heiligen Kilian, der direkt von dem Strom erfaßt wird.

Was bei ihm sozusagen mit Händen zu greifen ist, gilt für den gesamten Kreis der Heiligen, der Seligen und der anderen Helfer, deren Figuren sich rechts und links anschließen. Für sie erfüllt sich, was Johannes nach der Bezeichnung der Knechte Gottes geoffenbart wird. Er sieht »eine große Schar aus allen Nationen und Stämmen, Völkern und Sprachen«. Sie ist so groß, daß er hinzufügt: »Niemand konnte sie zählen« (Offb 7,9). Er erfährt: »Es sind die, die aus der großen Bedrängnis kommen; sie haben ihre Gewänder gewaschen und im Blut des Lammes weiß gemacht« (Offb 7,14). Sie stehen »vor dem Thron Gottes und dienen ihm bei Tag und Nacht in seinem Tempel; und der, der auf dem Thron sitzt, wird sein Zelt über ihnen aufschlagen. Sie werden keinen Hunger und keinen Durst mehr leiden, und weder Sonnenglut noch irgendeine sengende Hitze wird auf ihnen lasten. Denn das Lamm in der Mitte vor dem Thron wird sie weiden und zu den Quellen führen, aus denen das Wasser des Lebens strömt, und Gott wird alle Tränen von ihren Augen abwischen« (Offb 7,15–17).

Etwas vom Zelt Gottes, das sie aufnimmt, ist in den zwölf *Baldachinen* angedeutet, die an beiden Seiten des Hochchores angebracht sind. Ihre Gestaltung nimmt das Motiv der Gottesstadt auf und führt es in zwölf Variationen weiter. Wir erkennen Tore, Perlen, Blätter und Früchte, die allesamt zum himmlischen Jerusalem gehören; sie wollen in seinem Licht gesehen werden. All dies bezeugt den Willen und das Wirken des Herrn, der kommt, damit wir das Leben haben, und es in Fülle haben (vgl. Joh 10,10). Besonders eindrucksvoll ist das Zeugnis derer, die unter den Baldachinen dargestellt sind. Es sind Menschen, denen die Diözese Würzburg großen Dank schuldet. Sie haben im Laufe der Zeit viel für sie getan; ihr Wirken ist durch den Tod nicht beendet worden, es vollzieht sich seither in neuer Weise. Daher sagen uns ihre Gestalten nicht nur etwas über unsere Vergangenheit; sie können uns auch helfen, ihr und unser Hier und Heute realistisch wahrzunehmen. Sie gehören zu Christus und so zu uns. Er, der – zwischen Himmel und Erde gestellt – beide vereint, indem er sich für sie hingibt, will auch uns miteinander und mit Gott vereinen. Dies ist sein Gebet, dies sein letzter Wille: »Alle sollen eins sein: Wie du, Vater, in mir bist und ich in dir, sollen auch sie in uns sein« (Joh 17,21).

Wovon ist die Rede, wenn wir im Apostolischen Glaubensbekenntnis die Worte »Gemeinschaft der Heiligen« aussprechen? Vielen mag diese Frage überflüssig erscheinen, liegt für sie doch auf der Hand: Natürlich geht es um die Heiligen des Himmels, die wir verehren und anrufen. Vielleicht fügen sie noch hinzu, daß diese eine Gemeinschaft unter sich und mit uns bilden! Sicher ist diese Antwort nicht falsch, aber sie ist recht unvollständig. Wenn die Christen der Frühzeit »die Gemeinschaft der Heiligen« bekannten, dann dachten sie zunächst an die heiligen und heiligenden Gaben, die der Allheilige uns schenkt. Wer immer sie gläubig empfängt und ihnen gemäß lebt, wird in eine neue Gemeinschaft mit dem Herrn und den Seinen hineingenommen. Alle ihre Glieder sind miteinander in Liebe verbunden, eins lebt von den andern und für die andern.

Es ist eine wahrhaft *allumfassende Gemeinschaft,* die weder an den Grenzen des Raumes noch an denen der Zeit aufhört. Wer in der Gnade Gottes stirbt, hat in ihr eine eminente Position. Für immer mit Gott vereint ist er für immer mit der gesamten Gemeinschaft der Heiligen verbunden. Sein Leben und Wirken kommt wie nie zuvor allen Mit-Gliedern zugute. Leidigen Mißverständnissen gegenüber sei betont, daß damit nicht nur die gemeint sind, denen die Kirche die Ehre der Altäre zuerkennt. Diese stehen stellvertretend für die unermeßliche Schar aller Heiligen, die Gott allein kennt.

Jede *Heilige Messe* verweist uns auf diese komplexen Gegebenheiten, in denen und durch die wir leben. Sie ist die einzigartige heilige Gabe, die uns der Christusgemeinschaft mit allen ihren Dimensionen teilhaft werden läßt. Deshalb gehören zum eucharistischen Hochgebet Papst und Bischöfe und das ganze Gottesvolk auf Erden wie im Himmel, zusammen mit den Engeln und Erzengeln, den Kerubim und Serafim.

Die künstlerische Gestaltung des Hochchores kann uns helfen, daß wir immer tiefer in diese wunderbare Welt eindringen, uns ihrer erfreuen und anderen diese Früchte mitteilen. Dem recht verstandenen Bekenntnis zur Gemeinschaft der Heiligen gemäß sind hier nicht nur kanonisierte Heilige und Selige dargestellt; ihnen sind auch Zeugen und Helfer beigesellt, die bis in die Gegenwart hinein segensreich unter uns gewirkt haben. Vielleicht wird gerade durch sie deutlich, daß es *um alle und um alles* geht, daß jeder zur Heiligkeit berufen ist, und daß jedem alle Möglichkeiten geboten werden, sie zu erlangen.

In seinen Abschiedsreden hat der Herr seinen Jüngern verheißen: »Wenn ich gegangen bin und einen Platz für euch vorbereitet habe, komme ich wieder und werde euch zu mir holen, damit auch ihr dort seid, wo ich bin« (Joh 14,3). Dann spricht er vom *Weg:* »Und wohin ich gehe – den Weg dorthin kennt ihr« (Joh 14,4). Letztlich ist er selber der Weg. Nur von ihm her ist die Gemeinschaft der Heiligen möglich, nur von ihm her ist sie richtig zu verstehen. Er ist der Weg in dieses Geheimnis hinein; die Heiligen wiederum gehören zu seinem Weg auf uns zu. So klingt in der Schar der dargestellten Helfer und Heiligen nochmals das Wegmotiv an: Als unsere älteren Geschwister sind sie

uns auf dem Weg zum Herrn voraufgegangen; indem sie ihm zugewandt sind, zeigen sie uns die Richtung an, in der auch unser Ziel liegt. Zugleich kommen sie zusammen mit dem Herrn auf uns zu, sind sie doch Werk und Werkzeug seiner uns zugewandten Liebe. Überdies zeichnet sich in ihnen der Weg ab, den die *Kirche von Würzburg* im Laufe der Geschichte genommen hat. Sie erinnern uns an ihre Vor- und Frühgeschichte, an das Mittelalter und an die Neuzeit. Jede dieser Phasen ist für unsere Gegenwart wie für unsere Zukunft von bleibender Bedeutung.

Es hat seinen guten Grund, daß der heilige *Kilian* in der Mitte seinen Platz gefunden hat. Zusammen mit seinen Gefährten markiert er in hervorragender Weise den gottgeschenkten Anfang unseres Bistums. Das Martyrium der Frankenapostel hat die Erfahrung der frühen Kirche bestätigt, daß das Blut der Märtyrer der Samen neuer Christen ist.

Der Blick auf sie darf uns die beiden Frauen nicht übersehen lassen, die vor den Frankenaposteln gelebt und gewirkt haben. Sie stehen stellvertretend für die vielen Unbekannten, die schon recht früh unseren Vorfahren Christus bezeugt und den Glauben verbreitet haben. Auch ihre Saat hat die Ernte möglich gemacht, die der Herr zur gegebenen Zeit geschenkt hat.

Bereits ein ganzes Jahrhundert vor dem Martyrium Kilians, Kolonats und Totnans ist die heilige *Radegunde* heimgerufen worden. In ihrem Geschick spiegeln sich die Kämpfe zwischen Thüringern und Franken wider, und mehr noch die zwischen heidnischem und christlichem Denken und Handeln. Von Jugend auf hatte sie Entsetzliches erlebt. Ihr Vater, ein thüringischer Gaukönig, wurde von seinem Bruder Herminafrid getötet. Auch ihre Mutter und die meisten ihrer Geschwister wurden Opfer roher Gewalt. Zusammen mit ihrem jüngsten Bruder verschleppte sie der Mörder ihres Vaters auf seine Burg. Der wiederum wurde vom Merowingerkönig Chlotar I. besiegt. Jetzt wurde Radegunde mit ihrem Bruder dessen Beute. Als sie 19 Jahre alt war, heiratete er sie. Eines Tages brachte er ihren Bruder um. Radegunde floh daraufhin vom Herrscherhof. Sie trat in den Ordensstand ein und gründete später in Poitiers ein Kloster. Unermüdlich betete und opferte sie für ihren Gatten. Nach Kräften half sie Armen und Kranken, besonders den Aussätzigen. Seit ihrem Tod im Jahre 587 konnten Thüringer und Franken sie als ihre Patronin verehren.

Ein halbes Jahrhundert später wurde *Gertrud* als Tochter Pippins des Älteren aus dem Haus der Arnulfinger-Karolinger geboren. Schon früh entschied sie sich für das Ordensleben und trat in das Kloster Nivelles bei Brüssel ein, das ihre Mutter gestiftet

hatte. Die jüngere Passio Kiliani berichtet, Gertrud habe ihrerseits das Kloster Karlburg gegründet. Die in diesem beheimatete Schule ist die älteste in unserem Raum, von der wir wissen. Gertrud schlug bereits eine Brücke nach Irland, indem sie von dort Mönche zur Erklärung der Heiligen Schrift erbat.

Eine weitere Verbindung zur Heimat der Frankenapostel verkörpert der heilige *Willibrord.* Wie etliche seiner englischen Landsleute hat er lange in einem irischen Kloster gelebt. Dort wurde er mit 30 Jahren zum Priester geweiht; es war um die Zeit, als Kilian und seine Gefährten in Würzburg das Martyrium erlitten. Mit zwölf Gefährten als Missionar ausgesandt, wirkte er zunächst in Friesland. Nach dem Tod Pippins des Mittleren, dem er mancherlei Hilfe verdankte, kam Willibrord ins Maingebiet. Die älteste erhaltene Originalurkunde in Bayern aus dem Jahr 704 hat festgehalten, daß er vom Herzog Hethan II. Schenkungen in Thüringen erhielt. In diesem Dokument taucht zum erstenmal der Name Virteburh auf. 716 wurde Willibrord weiterer Besitz übertragen; das ermöglichte ihm, in Hammelburg ein Kloster zu gründen. Als bald darauf Hethan von Karl Martell gestürzt wurde, kehrte Willibrord in sein früheres Missionsgebiet zurück.

Bonifatius führte das begonnene Werk weiter. Er wurde 742 der eigentliche Gründer der Diözese Würzburg. Es schmälert sein Verdienst nicht, wenn man sein Werk in Verbindung mit dem Einsatz von Priestern und Laien, Frauen und Männern sieht, die es mitbegründet und mitgetragen haben. Nicht weniger als sechs von ihnen sind im Hochchor dargestellt. Sie führen uns zusammen mit den Frankenaposteln das doppelte Gnadengeschenk vor Augen, das unsere Diözese von der göttlichen Vorsehung zugedacht war: An ihren Wurzeln und bei ihrem Werden begegnen wir jeweils einer Gemeinschaft von Heiligen: Bischof, Priester und Diakon sind in der iroschottischen Mission und im Martyrium 689 verbunden; Papst Bischöfe, Mönche und Nonnen und der hohe Einsatz politischer Führungskräfte prägen miteinander das formelle Entstehen des Bistums und sein erstes Wachsen. Rund 35 Jahre wirkte der aus England stammende Benediktiner Winfried-Bonifatius als Apostel Deutschlands.

Nach der Konstituierung bzw. Reorganisation der bayerischen Bistümer 738/739 konnte er 742 die drei Diözesen Würzburg, Büraberg und Erfurt errichten. Dabei kam ihm vor allem die Hilfe der Karl-Martell-Söhne Pippin und *Karlmann* zustatten. Der letztere schenkte dem Bistum 25 Kirchen und das Marienkloster zu Karlburg, zusammen mit weiteren großzügigen Dotationen. Mit Bonifatius liiert, machte sich Karlmann auch um die

Reform der fränkischen Kirche verdient. 747 verzichtete er auf Amt und Besitz und wurde Benediktinermönch. Als er mit dem Ziel eines Friedensschlusses Vermittlerdienste übernommen hatte, wurde er gefangengesetzt. 754 starb er in Vienne. Die Kirche verehrt ihn als Seligen. Das Bistum Würzburg schuldet ihm bleibenden Dank.

Papst *Zacharias* hat die Gründung unseres Bistums durch seinen Legaten Bonifatius 743 in aller Form anerkannt. Er war der letzte Grieche, dem das Papstamt übertragen wurde. Er zeichnete sich als Brückenbauer zwischen der Ost- und Westchristenheit aus und setzte sich vor allem in Italien für den Frieden ein, so daß er mit Recht mit der Friedenstaube dargestellt wird.

Mehrfach hat Papst Zacharias seine Verbundenheit mit dem ersten Würzburger Bischof St. *Burkard* bekundet. Der Missionsgefährte und Ordensbruder des heiligen Bonifatius war von diesem verschiedentlich mit wichtigen Aufträgen nach Rom entsandt worden. Weit über die Diözese hinaus wirkte sein Einsatz in der Ewigen Stadt, als er sich zusammen mit Abt Fulrad von St. Denis 750 um die Zustimmung des Papstes zur Krönung Pippins bemühte. Das Placet des Heiligen Vaters führte zu einer epochalen Wende der europäischen Geschichte. Vier Jahre später starb Burkard nach nur zwölfjährigem bischöflichem Wirken. Kurz zuvor wurde die heilige *Immina* heimgerufen. Sie hatte Burkard ihr väterliches Erbe auf dem Marienberg übergeben. Dazu gehörte auch ein kleines, von ihr errichtetes Kloster. Sie selbst verbrachte den Rest ihres Lebens im Frauenkloster Karlburg. Wahrscheinlich leitet sich der Name Himmelstadt, dessen Gründung ihr zugeschrieben wird, von Imminestadt ab. Als das Kloster Karlburg 1236 zerstört wurde, setzte man die Gebeine Imminas in der Mitte des Würzburger Domchores in einem Steinsarkophag bei. Im Zuge der barocken Neugestaltung wurden sie in die Krypta übertragen.

Repräsentiert Immina als dessen letzter, heiliger Sproß das thüringische Herzogshaus, so haben wir in der heiligen *Bilhildis* eine Vertreterin des fränkischen Adels vor uns. Nach dem plötzlichen Tod ihres Gatten gründet sie in Mainz, wo ihr Onkel Rigibert als Bischof wirkte, das Kloster Altmünster. Daß dieses mit Grundbesitz aus Veitshöchheim und Hettstadt ausgestattet wurde, verweist auf die Verbindung mit Unterfranken. Die Gemeinde Veitshöchheim ehrt die Heilige als die aus ihr stammende Ortspatronin. Sie kann sich dabei auf die älteste Vita der Heiligen berufen, nach der Bilhildis in »Hochheim am Main« geboren wurde und in früher Jugend in Würzburg Katechumene gewesen ist, sich also auf die Taufe vorbereitet hat.

Den Figuren der beiden einheimischen Heiligen stehen die der beiden Frauen gegenüber, die aus England nach hier kamen und das bonifatianische Missionswerk wesentlich mitgestaltet haben: *Lioba und Thekla.* Beide waren mit dem Apostel Deutschlands verwandt. Thrutgeba, die von ihren Eltern mit dem Kosenamen Leobgyth, Liebling, latinisiert *Lioba,* gerufen wurde, trat früh in das Benediktinerinnenkloster Wimborne ein. Dort wirkte sie als Lehrerin, bevor sie dem Ruf des Bonifatius folgte. Er vertraute ihr die Leitung des von ihm gegründeten Klosters Tauberbischofsheim an. Bald kam die Verantwortung für weitere Konvente hinzu. 782 starb sie in Schornsheim bei Mainz. Seit 838 sind ihre Gebeine im Fuldaer Kloster auf dem Petersberg bestattet. Ihre Kusine *Thekla* wirkte wie sie in der Mädchen- und Frauenbildung sowie in der Krankenpflege, zuerst in Tauberbischofsheim, dann als Äbtissin in Kitzingen und Kleinochsenfurt. Acht Jahre nach Lioba gab auch sie ihr Leben in die Hände des Schöpfers zurück.

Neben seinen Landsleuten fand Bonifatius auch in seinen Missionsgebieten Männer und Frauen, die mit ihm zusammenwirkten. Zu ihnen zählt der aus dem ostfränkischen Adelsgeschlecht der Mattonen stammende *Megingoz* bzw. Megingaud. Im hessischen Fritzlar schloß er sich Bonifatius an. Dort wurde er Mönch, Diakon und Priester, dort nahm er das Lehramt wahr. Vor seiner letzten irdischen Reise weihte Bonifatius ihn zum Bischof. Als Nachfolger Burkards führte er weiter, was dieser begonnen hatte. Er gründete das Kloster Neustadt am Main, in das er sich später zurückzog. Seine Grabstätte fand er in der Kiliansgruft der heutigen Neumünsterkirche.

Aus dem Kreis der herausragenden Persönlichkeiten, welche die Anfänge der Diözese geprägt haben, ist als letzter St. *Gumbert* dargestellt. Er war Schüler und Freund des ersten Würzburger Bischofs und stand auch dem zweiten treu zur Seite. Großzügig förderte er das neue Bistum durch seine Besitzungen im Rangau und in Eltmann. In Ansbach stiftete er ein Kloster, dem er bis zu seinem Tod als Abt vorstand. Im Anschluß an den Figurenkranz im Apsisrund hat er als erster an der Nordwand des Chores seinen Platz gefunden, gleichsam ein Brückenpfeiler zwischen der Frühzeit und dem Mittelalter der Diözese.

Gegenüber von Gumbert sehen wir in einer eindrucksvollen Gruppe Arno, Bruno und Adalbero. Nach den drei Bischöfen aus der Frühzeit Kilian, Burkard und Megingoz repräsentieren sie die Oberhirten des Mittelalters. Jeder von ihnen wirkte Bleibendes in der Diözese und war zugleich über ihre Grenzen hinaus in Pflicht genommen.

Kurz bevor *Arno* bzw. Arn 855 zum Bischof gewählt wurde, hatte ein Blitzschlag den Dom ruiniert; die übrig gebliebenen Mauern waren am Kiliansfest eingestürzt. So stand der Dombau als erste Aufgabe vor dem Neugeweihten. Weitere Kirchbauten in der Diözese kamen hinzu. Auf mehreren Reichstagen wirkte Arno maßgeblich mit. Im östlichen Grenzgebiet, das zugleich Missionsfeld war, fand er 892 den Tod. Das um die Jahrtausendwende unter Erzbischof Thietmar entstandene Merseburger Totenbuch berichtet, Arno sei während der Meßfeier getötet worden. Hier ist auch zu lesen, die Slawen hätten ihn als Märtyrer verehrt; vom 16. Jahrhundert an geschah das auch im Bistum Würzburg.

Wie Arno hat sich *Bruno* um den Dom verdient gemacht. Leider konnte er den großzügig geplanten romanischen Bau nicht vollenden, da er 1045, als er Heinrich III. nach Ungarn begleitete, einem Unglück zum Opfer fiel und in Persenbeug an der Donau starb. Vor seiner Weihe 1034 als kaiserlicher Kanzler tätig, stand er auch als Bischof den Herrschern treu zur Seite. Insbesondere bewährte er sich im Dienst der Versöhnung und des Friedens. In seinem aufgeschlagenen Buch stehen die Worte »Beatus vir«. Mit ihnen beginnt der Psalm 1. So werden wir an den Psalmenkommentar des Heiligen erinnert; zugleich charakterisieren diese Worte den »seligen Mann«, »der Freude hat an der Weisung des Herrn«. In seiner Krypta fand er seine letzte Ruhestätte; das Brunowerk trägt auf neue Weise seinen Namen und sein Gedächtnis in unsere Städte und Dörfer.

Unmittelbar neben Bruno steht sein direkter Nachfolger *Adalbero.* Beide kamen aus Österreich nach Würzburg. In der Domschule ausgebildet, konnte Adalbero 45 Jahre lang hier Oberhirte sein. Seine unerschütterliche Treue zur Kirche und Papst brachte es mit sich, daß er sein Amt nicht ungestört wahrzunehmen vermochte. Im Investiturstreit versuchte man, ihn abzusetzen und durch Gegenbischöfe zu verdrängen. Schließlich starb er in der Verbannung im heimischen Lambach. Dort hatte er auf dem elterlichen Besitz ein Kloster und eine Kirche gegründet, die er unter den Schutz des heiligen Kilian stellte. Adalbero war ein tatkräftiger Reformer der Kirche, ein Freund und Förderer der Ordensgemeinschaften und ein energischer Bauherr. Im Kampf um die Freiheit der Kirche war er treu bis zum Tode.

Zu seinen Freunden zählte der selige Abt *Egbert.* Adalbero hatte sich bald nach seinem Amtsantritt darum bemüht, daß dieser aus seinem Kloster Gorze im Elsaß nach Münsterschwarzach kam, um dort im Geist seines Heimatkonvents das Ordensleben zu erneuern. Wie sehr Adalbero Egberts Wirken schätzte, wurde of-

fenkundig, als er Mönche aus Münsterschwarzach in sein Kloster Lambach holte.
Zwischen den Äbten Gumbert und Egbert ist das Kaiserpaar *Heinrich und Kunigunde* zu sehen. Bischof Heinrich I. von Würzburg, ein Bruder des Erzbischofs Heribert von Köln, hatte sich vor der Wahl des Bayernherzogs zum König als einer der einflußreichsten Männer des Reichs intensiv für diesen eingesetzt. Bald nach seiner Krönung machte sich König Heinrich daran, die Gründung der Diözese Bamberg vorzubereiten. Ihr waren vor allem missionarische Aufgaben im Osten zugedacht. Als Entschädigung für die Gebietsopfer des Bistums Würzburg erhielt es Königsbesitz in Meiningen und Umgebung. Somit kann uns das Herrscherpaar an die jahrhundertelange Verbindung mit den Dekanaten in Thüringen erinnern. Nach der Kaiserkrönung 1014 in Rom, an der auch der Würzburger Bischof teilnahm, waren Heinrich und Kunigunde 1016 und 1017 bei diesem zu Gast. Der Würzburger Meister Tilman Riemenschneider schuf für sie das großartige Grabmal im Bamberger Dom, das die innige Verbundenheit der Heiligen miteinander und mit den ihnen Anvertrauten faszinierend zum Ausdruck bringt.
Ein Kunstwerk von hohem Rang ist auch in der Nähe des Aquilingrabes in Mailand zu sehen: In der frühchristlichen Laurentiusbasilika findet sich in der Kapelle des heiligen *Aquilin* ein Mosaikfragment aus dem 4. Jahrhundert. Es zeigt Christus und die Apostel. Der dort verehrte Heilige wurde um 970 in Würzburg geboren. Als Domkanoniker von Köln wurde er um 1015 von fanatischen Sektierern, einer Art von Neumanichäern, in Mailand erstochen. Seit etwa 1650 sind in der gesamten Diözese Würzburg etliche Darstellungen des Märtyrers verbreitet. Aquilin wird als Pestpatron und zugleich als Schutzheiliger der Gepäckträger verehrt.
An Menschen unterwegs erinnert auch die Darstellung des heiligen *Makarius:* Sie zeigt ihn mit der Muschel, die im Mittelalter zur Ausrüstung der Pilger gehörte. Sie kennzeichnete insbesondere die Wallfahrer, die sich nach Santiago aufmachten, sowie den dort bestatteten Pilgerpatron Jakobus. Ihm war das Schottenkloster geweiht, das Makarius zur Zeit des Bischofs Embricho auf der linken Mainseite in Würzburg errichtete und leitete. Das Volk verehrte den um 1090 in Schottland geborenen Abt vor allem wegen seiner Frömmigkeit und Hilfsbereitschaft. Seine Gebeine wurden in der Marienkapelle beigesetzt. Im hohen Chor ist seine Gestalt ein bewegendes Sinnbild der pilgernden Kirche.
Zwölf Jahre vor der Abtsweihe des heiligen Makarius wirkte *Norbert von Xanten* kurzfristig, aber intensiv in Würzburg. Nach

der Gründung des Reformordens der Prämonstratenser war er zum Heiligen Vater gefahren. Von Rom führte ihn der Weg über Würzburg. Hier feierte er Ostern 1126 im Dom unter großer Beteiligung des Volkes die heilige Messe. Als er gerade kommuniziert hatte, trat eine blinde Frau heran, Norbert hauchte sie an, und sie konnte wieder sehen. Die Vita Norberti berichtet, daß daraufhin drei angesehene Bürger »sich selbst und was sie hatten« durch die Hand des Gottesmannes Gott übergeben hätten. Das bildete die Basis für die Gründung des Prämonstratenserklosters Oberzell. In demselben Jahr noch wurde Norbert das Amt des Erzbischofs von Magdeburg übertragen.

Im hohen Chor stehen zwei der bekanntesten deutschen Heiligen an seiner Seite: Hedwig und Elisabeth. Bevor *Hedwig* Herzogin und Landesmutter von Schlesien wurde, verlebte sie entscheidende Jugendjahre in Kitzingen. Ihre Eltern, das Grafenpaar von Andechs, hatten sie dem dortigen Benediktinerinnenkloster anvertraut. Hier lernte sie Lesen und Schreiben, Haushalt und Handarbeit, Singen und Musizieren und dazu die Anfänge der Heilkunst. Dem Willen ihrer Eltern gemäß heiratete sie den achtzehnjährigen Herzog Heinrich aus dem polnischen Herrschergeschlecht der Piasten und folgte ihm nach Schlesien. Auf beide warteten dort große und schwierige Aufgaben. Hedwig bewährte sich nicht nur als Mutter von sieben Kindern, von denen sechs ihr im Tod voraufgingen. Sie schenkte ihre mütterliche Liebe nach allen Seiten. Zu der hochgeschätzten Landesmutter, die in der Ferne eine neue Heimat fand und für Ungezählte zum Segen wurde, schauen viele auf, denen in unserer Zeit ähnliches widerfahren ist. 1243 wurde sie in dem von ihr gegründeten Kloster Trebnitz beigesetzt. Zugunsten ihrer Stiftung hatte sie ihre Heiratsmitgift geopfert und überdies für eine exzellente erste Äbtissin gesorgt: Petrussa, ihre verehrte Lehrerin aus dem Kitzinger Kloster.

Im Winter 1227 wurde ihr Gatte beim Bemühen, zwischen Feinden zu vermitteln, lebensgefährlich verwundet. Zu eben dieser Zeit mußte auch die Nichte Hedwigs, *Elisabeth von Thüringen,* Schweres mitmachen. Nach dem Tod ihres heißgeliebten Mannes, des Landgrafen Ludwigs, hatte sie mit ihren Kindern die Wartburg bei Eisenach zu verlassen. Sie, die so vielen geholfen hatte, stand nun selber hilflos auf der Straße. In ihrer Not fand sie im Benediktinerinnenkloster Kitzingen Zuflucht. Dort war ihre Tante Mathilde Äbtissin, die jüngste Schwester der heiligen Hedwig. Zusammen mit ihrem Bruder, dem Bamberger Bischof Egbert, suchte sie ihrer Nichte Elisabeth zu raten und zu helfen. Als die vom Kreuzzug heimkehrende thüringische Ritterschaft den Leichnam ihres Gatten nach Hause brachte, nahm Elisabeth endgültig von ihm und seinem Besitz Abschied und vollendete ihr Lebenswerk in Marburg, wo sie 1231 im Alter von 24 Jahren starb. Das Brot und der Krug in ihren Händen erinnern an ihren unermüdlichen Einsatz für die Armen; sie lassen zugleich daran denken, daß auch sie selber in großer Not im Bistum Würzburg Hilfe fand.

Den krönenden Abschluß der mittelalterlichen Gestalten im hohen Chor bildet *Albert der Große.* Würzburg nimmt in seinem ungewöhnlich reichen Schaffen einen wichtigen Platz ein. Unter anderem wirkte er hier unmittelbar vor und nach seiner bischöflichen Tätigkeit in Regensburg. In der Zeit von 1264 bis 1266 vollendete er hier eines seiner bedeutendsten Werke, den Lukaskommentar. Er half mit beim Aufbau des Dominikanerklosters, das von seinem Bruder Heinrich geleitet wurde. Vor allem hat er sich als Friedensmittler verdient gemacht. Ob es um einige Malter Getreide ging oder um die Höhe einer Stallmauer, um Gerechtigkeit den Juden gegenüber oder um Zwist zwischen Klerus und Adel, immer war er um Versöhnung bemüht. So war sein Einsatz in Würzburg von dem bestimmt, was er in seinem Testament als generellen Wunsch aussprach. Mit dem Andenken an ihn sollte auch dieser sein letzter Wille uns heilig sein: »Allen ... das Heil und die Fülle der Liebe!«

Wie der Apostel Deutschlands als Gründer der Diözese an ihrem Anfang steht, so ist ihre Erneuerung im 16. Jahrhundert mit dem Mann verbunden, den Papst Leo XIII. »den zweiten Apostel Deutschlands« genannt hat. Wiederholt hat *Petrus Canisius* in Würzburg seelsorglich gewirkt. Im Zusammenhang mit seinen Fastenpredigten 1567 unterbreitete er Bischof Friedrich von Wirsberg eine gewichtige Denkschrift über die Reform der Diözese. Sie zeigt, wie gut er sie kannte und wie sehr er die Kirche liebte: »Es geht ja darum, Wölfe abzuwehren und die Herde zusammenzuhalten, d. h. den Glauben zu schützen und wenigstens einmal anzufangen mit der wahren Reformation der Kirche.« Zu den ersten Schritten der Erneuerung gehörte die Berufung der Jesuiten durch Bischof Friedrich. Mit ihrer Hilfe konnte Julius Echter die Universität und das Priesterseminar gründen.

Zwei ihrer berühmtesten Studenten sind in einer Gruppe mit dem vereint, der dreimal Rektor der Würzburger Universität war: Friedrich Spee und Liborius Wagner. Als der Magister Liborius Wagner sich 1623 in die Matrikel der Universität eintrug, waren bereits die ersten Publikationen des nur zwei Jahre älteren

Friedrich Spee erschienen. Der junge Jesuit hat von 1612 bis 1615 drei philosophische Studienjahre in Würzburg verbracht. Von 1620 bis 1623 wurden hier vier bedeutsame Schriften veröffentlicht. In ihnen finden wir etliche seiner Lieddichtungen, die bis zur Stunde lebendig geblieben sind. Nicht weniger als zwölf Lieder Spees stehen in unserem »Gotteslob«. Eins von ihnen paßt besonders gut zur Thematik des Chorraums:

»Jerusalem, du sel'ge Stadt,
die ew'gen Frieden schauet,
die aus lebend'gen Steinen hat
der Herr sich auferbauet!«
(GL 914).

Am eigenen Leib hat Spee erfahren, was er von diesen Steinen schrieb: »Vom scharfen Meißel oft berührt, vom Hammer viel geschlagen.«

Liborius Wagner hat ähnliches erlebt. Schwere Entscheidungen hatte er hinter sich, als er nach einem langen Studium lutherischer Theologie katholisch wurde. Schwereres noch wartete auf ihn. Dem gelehrten Magister wurde nach kurzer Kaplanszeit ein extrem schwieriges Arbeitsfeld zugewiesen. Durch die herrschaftlichen Verhältnisse in Altenmünster waren die Wirkmöglichkeiten Wagners eng begrenzt. Die Not des Dreißigjährigen Krieges tat ein übriges. Der Gipfel seiner Misere, aber auch seines Wirkens wurde erreicht, als er im Zuge des Schwedenkrieges gefangengenommen und gefoltert wurde. Mit grausamen Quälereien wollte man ihn von seiner Kirche abbringen! Die Antwort Wagners lautete: »Ich lebe, leide und sterbe päpstlich-katholisch.« Am 9. Dezember 1613 war sein Martyrium vollendet. Die Inschrift an seinem Grab in Heidenfeld nennt ihn zu Recht einen »neuen Blutzeugen des uralten Glaubens.«

Ein Jahr nach Liborius Wagner empfing *Johannes Melchior Söllner* die Priesterweihe. In demselben Jahr 1626 noch wurde er zum Doktor der Theologie promoviert. Mit 35 Jahren wurde er in schwerer Zeit Generakvikar. Im Geiste Echters, der Spital und Universität gegründet und eng miteinander verbunden hatte, galt Söllners Sorge gleicherweise den Armen und Kranken wie den Professoren und Studenten. Als Rektor der Universität beschränkte er sich nicht auf Verwaltungs- und Repräsentationsaufgaben; er beteiligte sich persönlich an den Disputationen und trat auch als Autor hervor. 1649 wurde er Weihbischof. Er wirkte nach dem Vorbild des heiligen Borromäus und wurde von vielen als heiligmäßig verehrt.

Erinnert uns Söllner an die stattliche Reihe der Würzburger Weihbischöfe, so steht *Johann Adam Möhler* als Vertreter der Dignitäre unseres Domes vor uns. Leider hat er das ihm übertragene Amt des Domdekans nicht mehr ausüben können, da er 1838 einer Epidemie zum Opfer fiel und im Alter von 42 Jahren in München starb. Als er 1796 in Igersheim geboren wurde, gehörte seine Pfarrei noch zum Bistum Würzburg. Er selber hat sich der Stadt und der Diözese stets verbunden gewußt. Intensiven Kontakt hatte er mit dem Regens Franz G. Benkert und dessen Nachfolger Martin Düx. Möhlers besondere Liebe galt der Gemeinschaft der Heiligen. Er hat sie historisch erforscht und systematisch erschlossen. Vor allem lag ihm die Einheit der Kirche am Herzen. So wurde er ein Wegbereiter des I. und II. Vatikanischen Konzils sowie der ökumenischen Bewegung.

Als Möhler starb, besuchte der Bauernsohn *Johannes Keller* aus Ballingshausen das Gymnasium in Münnerstadt. Nach seiner Priesterweihe stand er dort im Schuldienst. 1849 wurde er Augustiner. Er erhielt den Namen Pater *Pius*. Unermüdlich setzte er sich für die Erneuerung des Augustinerordens ein, der damals unter den Folgen der Säkularisation schwer zu leiden hatte. Als der Orden wieder so erstarkt war, daß in Deutschland erneut eine eigene Provinz errichtet werden konnte, wurde Pius Keller ihr erster Provinzial. Höher noch als seine respektablen äußeren Aktivitäten ist einzuschätzen, was er in seinem intensiven geistlichen Streben für seinen Orden und für unsere Diözese getan hat. Es ist zu hoffen, daß die Bemühungen um seine Seligsprechung bald zum Erfolg führen.

Zum Frühling des Ordenslebens, der nach langen winterlichen Nöten im vorigen Jahrhundert anbrach und reiche Früchte bescherte, gehört auch *Antonie Werr*, die Gründerin der Gemeinschaft der Dienerinnen der Heiligen Kindheit Jesu zu Oberzell. Ihr Elternhaus stand gleich neben dem Dom im Kürschnerhof. An ihrem Geburtstag 1813 wurde ihr Vater zu Grabe getragen. Fortan mußte ihre Mutter für acht Kinder sorgen. In dieser Schule ist Antonie für den Dienst an besonders hilfsbedürftigen Menschen herangewachsen. Pfingsten 1855 konnte sie ihn zusammen mit ihren ersten Gefährtinnen offiziell beginnen. Es kennzeichnet sie und ihre Kongregation, daß ihre Gestalt fest mit der eines heranwachsenden Mädchens verbunden ist. Miteinander gehen sie dem Herrn entgegen, für den es keinen hoffnungslosen Fall gab.

Das Leben in einer innigen Gemeinschaft gehört auch zum Dienst und zum Leiden des Pfarrers *Georg Häfner*, wenngleich das auf den ersten Blick nicht sichtbar sein mag. 1900 in der Dompfarrei zur Welt gekommen, wurde er maßgeblich vom Geist des Karmel geprägt. Nach verschiedenen Kaplanstellen wurde er 1934 Pfarrer in Oberschwarzach. Still und treu kam er seinen priesterlichen Pflichten nach. Ohne jede Gerichtsverhandlung wurde er gefangen genommen und ins KZ Dachau gebracht. Was er dort mitmachen mußte, opferte er speziell für seine Gemeinde auf. Seine Grabplatte in der Kiliansgruft hält zwei Sätze von ihm fest, die sein Testament für uns sind. Im Würzburger Gefängnis legte er seinen Eltern ans Herz: »Mit allen wollen wir gut sein.« In seinem letzten Brief aus dem Konzentrationslager, wenige Tage vor seinem Tode, ging er noch weiter. Schlicht schrieb er: »Für mich gibt es keine Feinde ... «

Ihm gegenüber steht die Gestalt eines jungen Franzosen, der ebenfalls im KZ starb. Inzwischen von der Kirche seliggesprochen, ist er ein begeisternder Patron der Jugend und der Jugendarbeit und zugleich ein Anwalt unserer Mitchristen in Thüringen. *Marcel Callo,* 1921 als zweitältestes von neun Kindern in Rennes in der Bretagne geboren, trat mit 13 Jahren, als er Druckerlehrling wurde, der Christlichen Arbeiterjugend bei. Deren Zielen verpflichtet, wollte er Apostel Christi in der Arbeitswelt sein. Er war bereit, mit seinen Kollegen auch den Weg der Zwangsarbeit zu gehen. So kam er in das nicht weit von Meiningen liegende Lager Zella-Mehlis. Über die Grenzen des Lagers hinaus versuchte er im weiten Umkreis seinen Landsleuten zu helfen. Für sie wurde er Organisator, Chorleiter und Krankenpfleger. Vor allem lag ihm daran, sie zur Mitfeier der Heiligen Messe zu führen. Seine Aktivität führte zu seiner Verhaftung. Nach fünf Monaten im Gefängnis von Gotha kam er in die Konzentrationslager Flossenbürg und Mauthausen. Im letzteren starb er am Josefstag 1945. Marcel Callo hat wahrgemacht, was er 1940 bei einer Feier erklärt hat: »Wir wollen unsere Brüder retten, das Licht Christi denen bringen, die ihn nicht kennen, überall die Rechte Gottes verteidigen und uns hingeben für ihn.«

Zwei eindrucksvolle Gestalten stehen dem heutigen Dombesucher räumlich und zeitlich am nächsten. Sie bilden gleichsam den Übergang zur gegenwärtigen Kirche: Schwester Julitta und Bischof Schmitt. Beide sind erst in unserer Zeit heimgerufen worden, so daß viele sich noch gut an sie erinnern können.

Schwester *Julitta Ritz* ist vielen perönlich begegnet, da sie als Klosterpförtnerin in der Ebracher Gasse sozusagen eine Schlüsselstellung innehatte. Sie hat dieses Amt übernommen, als ihr Einsatz als Lehrerin durch nationalsozialistische Maßnahmen nicht mehr möglich war. 25 Jahre hat sie es unverdrossen, freundlich und hilfsbereit wahrgenommen. Erst nach ihrem Tod wurde mehr und mehr bekannt, aus welchen Quellen sie dabei geschöpft hat. Mit Recht hat man sie die Theresia des 20. Jahrhunderts genannt. Die von ihr überlieferten schriftlichen Zeugnisse geben Einblick in tiefe mystische Erfahrungen, deren Ursprung und Ziel das Leben des dreifaltigen Gottes ist. Demütig und energisch wollte sie den Dienst der Lazarusschwestern Maria und Martha ohne Abstriche verbinden. So kann sie all denen helfen, die mitten im Alltag Gott suchen und seine Liebe mitten in der Welt bezeugen wollen.

Zehn Jahre nach Schwester Julitta verschied 1976 Bischof *Adolf G. Schmitt.* Während die Ordensfrau in aller Stille im Kloster starb, wurde der Mariannhiller Pater von einem Terroristen in Rhodesien zusammen mit einem Mitbruder und einer Ordensschwester von Maschinengewehrsalven auf offener Straße hingestreckt. 1905 in Rimpar geboren, wurde er 1931 zum Priester geweiht. Nach einem ersten Einsatz in Rhodesien wirkte er im Würzburger Piusseminar und im Aloysianum in Lohr. Kurz vor dem Krieg wurde er nach Nordamerika entsandt. Seine dortige segensreiche Tätigkeit wurde in Anno Santo durch die Ernennung zum Bischof von Bulawayo beendet. Bischof Schmitt stellte seine Tätigkeit unter das Wort des Herrn, »daß alle eins seien« (Joh 17,21). Er dachte dabei nicht nur an die getrennten Christen, sondern auch an die entzweiten Gruppen, Stämme und Rassen. Sein Leben und Sterben haben dieses Testament unseres Herrn auch zu seinem Testament für uns werden lassen.

Auf dieses Einswerden zielt jede Eucharistiefeier ab. Jedes Gotteshaus soll ihm dienen. Jeder, der hier die Gaben des Herrn empfängt, ist aufgerufen, das Seine zu tun, *»daß alle eins seien«.* Der Herr sagt dem himmlischen Vater im Blick auf uns alle: »Ich habe ihnen die Herrlichkeit gegeben, die du mir gegeben hast; denn sie sollen eins sein, wie wir eins sind, ich in dir und du in mir. So sollen sie vollendet sein in der Einheit« (Joh 17,22 f.).

Unbekannte Kiliansreliquiare

Norbert Kandler

Unsere Zeit ist vom Zweckdenken geprägt. Die Frage »Was bringt mir das?« ist nicht selten zu hören. Dies gilt nicht zuletzt gerade für Reliquien und deren Verehrung. Dabei spielen in unserem Leben immer wieder Dinge eine Rolle, die wir ähnlich wie Reliquien behandeln, ohne sie als solche zu bezeichnen. Da hat jemand eine Kerze geschenkt bekommen, die ihm etwas bedeutet, denn jedesmal, wenn er sie anzündet oder schon sieht, denkt er an das Fest, an die Lieben, die damals mit ihm feierten. Da hört ein junger Mensch immer wieder ein und dieselbe Schallplatte oder immer wieder einen bestimmten Schlager oder Hit, weil ihn dieser an eine liebe Person erinnert, mit der er zusammen diese Platte oder dieses Lied angehört oder ein besonderes Erlebnis dabei hatte. Jemand schaut ein Foto eines ihm lieben Menschen an, der weit weg oder schon gestorben ist, und trotzdem ist dieser Mensch plötzlich »anwesend«. In all diesen Situationen wird etwas lebendig und gegenwärtig, was eigentlich längst vergangen ist. Durch diese Gegenstände wird etwas ausgelöst, als ob sich Gegenwart und Vergangenheit auf einmal durchdringen.

Ähnlich ist es mit Reliquien. Die Reliquien selbst sind nicht die Heiligen, aber indem wir sie ansehen, kann etwas in uns wachwerden, das deren Wirken und Leben in uns lebendig werden läßt. In deren Handeln und Konsequenz für den Glauben leuchtet Christus auf. Dies ist gerade bei den Frankenaposteln deutlich, die ihren Glauben bis zum Martyrium lebten. So wird deren Glaubensüberzeugung, obwohl das Ereignis ihres Todes schon 1300 Jahre her ist, dennoch in ihren Reliquien durch die Verehrung lebendig.

Aus diesem Grund hat man nach dem Tod der Frankenapostel immer wieder kleine Stücke der Leiber der Heiligen im Bistum oder außerhalb verteilt, damit auch Außenstehende, die nicht in Würzburg sein konnten, an der Verehrung teilhaben konnten. Einmal im Jahr, zur Kiliansoktav, kam man dann wieder am Ort des Martyriums zusammen und führte in Prozessionen die Reliquien mit. So wuchs der »Leib« der Heiligen wieder zusammen, was wiederum ein Abbild des mystischen Leibes Christi darstellte, der

Abbildung 1

überall da gegenwärtig ist, wo sich die lebendige Gemeinde der Gläubigen, die an ihn glaubt, versammelt.

Wohin überall Kiliansreliquien verteilt wurden oder wo diese heute noch zu finden sind, müßte erst in einer eigenen Forschung herausgefunden werden. Viele wurden sicherlich in Altären von Kirchen außerhalb Würzburgs eingemauert, wie es nach alter Tradition der katholischen Kirche üblich ist. In Orten, die den heiligen Kilian zum Patron haben, hat man sich manchmal eine Monstranz fertigen lassen, in der die Reliquie ausgestellt und von den Gläubigen am Festtag verehrt werden konnte. Seltener sind wohl Reliquiare in privater Hand. Die hier gezeigten und bisher unbekannten Reliquiare, die uns dankenswerterweise zum Teil für kurze Zeit überlassen wurden, stammen aus Sammlungen und Pfarreien.

Die Abbildung 1 zeigt ein handgearbeitetes Reliquiar in Kreuzform mit Wiederkreuz an den Enden. Der mit hellblauem Seidenstoff überzogene Karton ist am Rand durch feine Drahtarbeit eingefaßt. Auf den Kreuzbalken sind neun kleine Reliquienpäckchen befestigt, die wiederum mit feinen Silberdrahtschleifen umgeben sind. Am oberen Teil fehlt ein Reliquienpäckchen, die übrigen – in orangefarbenen Stoff gehüllt – sind alle mit kleinen grauen Perlen sowie Silber- und Golddraht verziert. Quer über die Reliquien führen kleine Zettel in roten oder grünen Buchstaben mit den Namen der Heiligen (von links nach rechts): Ursula, Laurentius, Pankratius, Agnes und (von oben nach unten): Matthäus Apostel, Chilian, Irenäus, Concessus, Lucianus. Zwischen den Reliquien findet sich vereinzelt ein Perlmuttstern mit grauer Glasperle. Die Aufreihung der Reliquien in Kreuzform drückt einen tiefen Sinn aus. Durch ihren Tod sind die Märtyrer Jesus bis zur letzten Konsequenz nachgefolgt, und in den Tod Jesu Christi am Kreuz ist der Tod eines jeden mit hineingenommen. Das Reliquienkreuz aus dem 18. Jahrhundert gehört in die von der Diözese Würzburg verwaltete Sammlung Scheuring und wird mit der Nr. 2/58 verwahrt.

Auch bei der zweiten Abbildung handelt es sich um eine sogenannte Klosterarbeit. Das heißt, diese Art der Gestaltung und Verzierung von Reliquien war besonders in Frauenklöstern beliebt. Der kleine Reliquienkasten (18,2 × 23,5 Zentimeter), der verglast und mit dunkelgebeiztem Flachrahmen versehen ist, fand sich in der volkskundlichen Sammlung Hofmann, die im Diözesan-Archiv seit 1987 verwahrt wird, und ist mit der Nr. 5/26 verzeichnet.

Auf einem mit Brokatfäden durchwobenen hellen Stoff war ursprünglich im Mittelpunkt eine herzförmige Reliquie. Die auf erhöhtem Stoffoval darunter festgemachte Reliquie ist noch vorhanden. Es handelt sich um ein etwa zwei Zentimeter langes Knochenstück mit der Beschriftung »St. Kyliam«. Das Medaillon wird flankiert von zwei Füllhörnern aus Brokat, die wiederum mit feiner Drahtarbeit verziert sind. Die Füllhörner wachsen aus den unteren Ecken heraus und sind mit Stoffblumen und aus Draht gebildeten Blättern gefüllt. Aus den Sträußchen heraus zieht sich ein breites unregelmäßiges Bouillonband (Drahtband) zu beiden Seiten nach oben und schließt sich über dem Herzen wie ein Baldachin. Es ist ebenfalls mit Drahtarbeit und Stoffblumen geschmückt. Von den in den oberen Ecken ursprünglich vorhanden gewesenen Reliquien ist nur noch die Aufschrift übrig. Während die Reliquie sicherlich aus dem 18. Jahrhundert stammt, ist der Kasten mit Rahmen, der innen mit einer blauen Tapete ausgelegt

Abbildung 2 (oben), Abbildung 3 (rechts)

ist, in die erste Hälfte des 19. Jahrhunderts zu datieren. Es ist durchaus möglich, daß der Kasten vielleicht einmal in einem Pfarrhaus der Diözese Würzburg hing.
Eine besonders reizvolle Reliquienmonstranz (Abbildung 3) hat ein Pfarrer der Diözese auf einer Auktion 1988 in Stuttgart ersteigert. Woher diese Monstranz (Höhe: 26 Zentimeter) allerdings ursprünglich kam, konnte nicht geklärt werden.
Auf einem einfachen Messingfuß erhebt sich ein ovales, goldenes Gehäuse, das durch Ziselierarbeit in kleine Felder unterteilt und symmetrisch mit Steinen besetzt ist. Oben und unten sind je ein Amethyst und rechts und links je ein Opal angebracht. Die Edelsteine sind mit einer gedrehten Silberdrahtkordel gefaßt. Im Zentrum sieht man hinter dem ovalen Schauglas, das von kleinen Perlen eingerahmt ist, ein ovales Kiliansreliquiar mit einem Kno-

Abbildung 4

chenstückchen hinter feinem Gazestoff auf rotem Hintergrund. Quer über die Reliquie führt ein vergilbter Papierstreifen mit der Aufschrift S. Chiliani Ep(iscopi) et M(artyrius). Die in Messing gegossenen Barockornamente an den Seiten und oben lassen die kleine Monstranz mit Strahlenkranz erscheinen. Zwei an den Seiten an einer Kette hängende Perlen verleihen dem Reliquiar, das oben durch ein Kreuz abgeschlossen ist, einen besonderen Akzent. Vielleicht hat hier jemand am Gehäuse, das aus dem 19. Jahrhundert stammt, einen Teil seines Familienschmuckes einarbeiten lassen. Die Monstranz war bereits auf einer Kilians-Ausstellung in Heilbronn im Oktober 1988 zu sehen, die in Zusammenarbeit mit dem Diözesan-Archiv Würzburg gestaltet wurde.

Das vierte Reliquiar (Abbildung 4) stammt aus der Pfarrkirche St. Kilian in Augsfeld (Haßberge) und ist 1862 von der Augsfelder Bürgerin Odilia Schober gestiftet worden. Die Monstranz (Höhe: 40 Zentimeter) ist im typischen neugotischen Stil jener Zeit aus Messing gegossen und vergoldet. Sechspaßfuß und Knauf sind mit Maßwerk verziert. Darüber erhebt sich, zum Teil aus durchbrochenem Maßwerk bestehend, die Monstranz, die sich aus elf Fialen (Türmchen) pyramidenartig nach oben aufbaut. An der Spitze enden diese jeweils mit einer Kreuzblume. Das Zentrum bildet ein rundes Schauglas mit der eigentlichen Kiliansreliquie: ein Knochenstückchen, umgeben von gedrehtem Golddraht auf rotem Stoff und der Aufschrift St. Chiliani, Bischof und Martyrer. Die Reliquie ist auf der Rückseite mit dem Siegel des Bischofs Georg Anton von Stahl versehen. Das Gehäuse, das die Reliquie enthält, ist etwas nach vorne gesetzt und hebt sich so deutlich ab. In drei ausgesparten Fensterbögen zu beiden Seiten und über dem Gehäuse stehen drei kleine Figuren in Silber gegossen: oben Kilian, gestützt auf Stab und Schwert als Zeichen seines Martyriums. Links hält der Priester Kolonat einen Kelch mit beiden Händen und rechts der Diakon Totnan ein Evangelienbuch. Da sich auch unter den liturgischen Geräten des Domes eine fast identische Monstranz befindet, ist anzunehmen, daß es diese Art von Reliquiaren noch in anderen Pfarreien gab. Die Kiliansreliquie wurde allerdings im Reliquiar des Domes später durch eine von Papst Pius X. ersetzt. Die Figuren der Frankenapostel weichen in der Darstellung nur minimal voneinander ab.

Die Botschaft des Würzburger Kiliansschreins

Bischof Paul-Werner Scheele

In seinem Bericht über die Anfänge der Kirche widmet Lukas der Berufung des Apostels Matthias besondere Aufmerksamkeit. Von den Ereignissen zwischen Christi Himmelfahrt und Pfingsten wird sie am ausführlichsten geschildert. Hohe Ansprüche werden an den neuen Mann gestellt. Petrus macht das deutlich. Er sagt: »Einer von den Männern, die die ganze Zeit mit uns zusammen waren, als Jesus, der Herr, bei uns ein und aus ging, angefangen von der Taufe durch Johannes bis zu dem Tag, an dem er von uns ging und (in den Himmel) aufgenommen wurde, – einer von diesen muß nun zusammen mit uns Zeuge seiner Auferstehung sein.« (Apg 1,21f)

Was hier vom Aposteldienst gesagt wird, gilt im Grunde für jeden Heiligen. Ob jung oder alt, Mann oder Frau, ob Kaiser, Bischof oder Bettler, ob ein Christ der Frühzeit, des Mittelalters oder unserer Tage, immer ist das Entscheidende die zusammen mit allen Glaubenden gelebte Christusgemeinschaft und das aus ihr erwachsende Zeugnis seiner Auferstehung. Das Wort »Märtyrer« erinnert daran.

»Märtyrer der Auferstehung« steht im griechischen Urtext der Apostelgeschichte. Dabei wird das Ostergeschehen im Zusammenhang mit dem gesamten Leben Jesu gesehen, vor allem mit seinem Kreuzestod. Seit ältester Zeit wird »sein seliges Leiden, seine Auferstehung von den Toten und seine glorreiche Himmelfahrt« als Pascha-Mysterium bezeichnet. Dieses Geheimnis steht im Mittelpunkt des christlichen Lebens. Die Kirche hat niemals aufgehört, »sich zur Feier des Pascha-Mysteriums zu versammeln, dabei zu lesen, ›was in allen Schriften von ihm geschrieben steht‹ (Lk 24,27), die Eucharistie zu feiern, in der ›Sieg und Triumph seines Todes dargestellt werden‹, und zugleich ›Gott für die unsagbar große Gabe dankzusagen‹ (2 Kor 9,15), in Christus Jesus ›zum Lob seiner Herrlichkeit‹ (Eph 1,2)«. Das Zweite Vatikanische Konzil, das dieses in seiner Konstitution bekennt, sagt in demselben Dokument: »In den Gedächtnisfeiern der Heiligen verkündet die Kirche das Pascha-Mysterium in den Heiligen, die mit Christus gelitten haben und mit ihm verherrlicht sind.« (Liturgiekonstitution n. 104)

OMNES PARITER CAPITIBUS TRUNCATI SUNT ET MARTYRIO CORONATI
AMICE KILIANE SURGE ET SIC JUGITER VICTOR MECUM ERIS
RESURRECTIO MORTUORUM SICUT ENIM IN ADAM OMNES MORIUNTUR
CUM ERGO ACCEPISSET ACETUM JESUS DIXIT CONSUMMATUM EST
CHRISTUS RESURREXIT A MORTUIS PRIMITIAE DORMIENTIUM

Der Kiliansschrein von 1987.
Die theologische Konzeption des Schreins hat Bischof Dr. Paul-Werner Scheele erarbeitet, die künstlerische Ausführung stammt von Heinrich Gerhard Bücker.

Wie im Leben und Sterben der Heiligen geht es auch bei ihrer Verehrung primär um das Christusgeheimnis. Die Heiligen leben und wirken aus ihm und in ihm; sie sind zeitlebens seine qualifizierten Zeugen. Ihr Sterben ist der letzte Schritt in der Nachfolge Christi; als Teilhabe an seinem Tod führt es zur Teilhabe an seiner Auferstehung. In dieser gründet unsere Zuversicht, daß die Heiligen nach ihrem irdischen Tod weiterhin in Treue helfen. Gerade ihre Wirkungsgeschichte zeigt sie als »Zeugen seiner Auferstehung«.

Auf diesen vitalen Zusammenhang der Heiligen mit Christus und mit uns weist der neue Kiliansschrein hin. Die sechs Szenen aus dem Leben Jesu gipfeln in der Darstellung des Todes und der Auferstehung. Alles, was von den Frankenaposteln geschildert wird, ist auf den Weg Jesu Christi bezogen. Es ist Nachfolge des Herrn und zugleich Zeugnis für ihn.

Was die Frankenapostel als Osterbotschaft verkünden, ist unter dem Auferstehungsbild zu lesen: »Christus ist von den Toten auferweckt worden als der Erste der Entschlafenen.« Der Apostel Paulus, der dies der Gemeinde von Korinth schreibt, zieht die Linien nach, die vom ersten bis zum letzten Menschen gehen, die allesamt in das Ostergeschehen einbezogen sind: »Da nämlich durch einen Menschen der Tod gekommen ist, kommt durch einen Menschen auch die Auferstehung der Toten. Denn wie in Adam alle sterben, so werden in Christus alle lebendig gemacht« (1 Kor 15,20–22). Das Osterbild des Schreins, das von diesen Worten umrahmt wird, rückt daher mit dem Ostersieg des Auferstandenen auch die Frohbotschaft von dem Geschick in den Blick, das uns zugedacht ist. Wie wir alle durch die Sünde zum Tod verurteilt sind, so sollen wir alle durch die Gnade zum ewigen Leben erweckt werden. »Auferstehung von den Toten« steht als erstes in der oberen Zeile. Das ist die Zukunft, die der Herr für uns bereitet hat.

Für unsere Heiligen hat diese Zukunft bereits begonnen. Das sagt uns ihr Bild über dem der Auferstehung. Dem Wort »Resurrectio« (Auferstehung) entspricht das »surge« (steh auf) unter der Darstellung der Frankenapostel. Es gehört zu dem Satz, den die jüngere Kilianspassio aufgezeichnet hat: »Freund Kilian, steh auf. Du sollst allzeit als Sieger bei mir sein.« In der Lebensbeschreibung gehen diese Worte dem Martyrium voraus. Der Herr will, daß seine Freunde für immer bei ihm sind. Sein Sieg über Sünde und Tod soll auch ihr Sieg werden. In den Heiligen, die beim Überfall der Mörder als wehrlose Opfer erscheinen, wirkt sich die Kraft der Ostergnade aus. An ihnen wird wahr, was wir in der Präfation von den Verstorbenen singen: Ihr Leben wird »gewandelt, nicht genommen«. Jung und beschwingt werden alle drei vom Geheimnis Gottes erfaßt, dem sie in Freude entgegenstreben. Als »Märtyrer der Auferstehung« bezeugen sie, was uns die Osterepistel von der Auferstehung Christi und von unserer Auferstehung verkündet: »Ihr seid mit Christus auferweckt ... und euer Leben ist mit Christus verborgen in Gott ... Auch ihr werdet mit ihm offenbar werden in Herrlichkeit.« (Kol 3,1–4)

Arbeitsskizze von Heinrich Gerhard Bücker für das Motiv »Martyrium« des Kiliansschreins.

Worum geht es bei der Verehrung der Heiligen und ihrer Reliquien? Auf diese Frage gibt der Kiliansschrein eine klare Antwort. Vor allem seine Vorderseite sagt uns in Wort und Bild: Es geht um die Verherrlichung des dreifaltigen Gottes, um den Lobpreis seiner Gnade und um die Gemeinschaft, die er uns nicht zuletzt mit Hilfe der Heiligen schenken will. Das bedeutet: Es geht um unser Leben, um seinen letzten Sinn und sein höchstes Ziel, anders gesagt: um die wichtigsten Gegebenheiten, von denen unser Geschick in Zeit und Ewigkeit abhängt.
Unter dem großen Bild der Frankenapostel auf der rückwärtigen Giebelseite des Schreins lesen wir: »Lobt den Herrn in seinen Heiligen.« Dieser Aufruf an uns alle ist der erste Vers des letzten Liedes aus dem Buch der Psalmen (Ps 150,1). Auf der Basis der Vorderseite steht der Lobpreis, mit dem die Kirche alle Psalmen beschließt: »Ehre sei dem Vater und dem Sohn und dem Heiligen Geist.« Das seit frühester Zeit in der Ost- und Westchristenheit bekannte Gebet verweist uns auf das Urgeheimnis des dreifaltigen Gottes, das uns in Jesus Christus erschlossen ist. Ihm gebührt Lobpreis und Dank, Anbetung und Verherrlichung. Diese Überzeugung hat den Würzburger Theologen Johannes Gallicus bestimmt, seinen Kilianshymnus mit den Worten zu beginnen:

»Anzubeten und zu ehren ist das Wesen der Dreieinheit.«

Wie sein Beiname sagt, stammte Johannes aus Frankreich. Unter sechs Bischöfen hat er in Würzburg seinen Dienst wahrgenommen. Bischof Embricho, dem wir die Alte Mainbrücke und die bauliche Erneuerung unseres Domes verdanken, beauftragte den gelehrten Magister mit der Erarbeitung der liturgischen Texte des Kiliansfestes. Zu ihnen gehört die Sequenz, die in der Festmesse nach der ersten Lesung gesungen wurde. Sie steht ganz im Zeichen des dreieinigen Gottes. Auf ihn lenkt sie als erstes unseren Blick. Anschließend weist sie darauf hin, daß sich der dreifaltige Gott im Laufe der Geschichte auf vielfältige Weise offenbart hat:

»Bilder der Dreieinheit bergen viele heil'ge Gnadenzeichen.«

In diesem Licht wird auch das Leben und Sterben der Frankenapostel gesehen und gepriesen. Die Strophe, die das am tiefsten zum Ausdruck bringt, steht unter dem Relief der drei Heiligen auf der rückwärtigen Giebelwand:

Die beiden Giebelseiten des Schreins zeigen »Die allerheiligste Dreifaltigkeit« (rechts) und die Frankenapostel Kilian, Kolonat und Totnan (Seite 132).

»Diese drei sind Knechte Christi:
Kolonatus und Totnanus und der sel'ge Kilianus.
Grüß dich, wahre, klare Hoffnung,
Abbild des dreiein'gen Gottes, das uns seine Fürsorg' kündet.«

Die letzten Verse der Kilianssequenz umrahmen das Bild der Heiligen. Sie lauten:

»Noch im Todeskampfe dienten die drei dem dreiein'gen Gotte.
Lohn erhofften sie und Kronen.
Ihm und seiner großen Güte gelten unsere treuen Dienste,
Lobgesang und Bitten bietend. Flehn wir,
daß durch seine Gnade wir den guten Schutzpatronen
immerdar verbunden bleiben in der ew'gen Seligkeit.«

Damit ist der Bogen von der ersten bis zur letzten Zeile der Sequenz geschlagen, unter dem sich alle Einzelaussagen des Schreins finden. Sie alle gelten der Verherrlichung der allerheiligsten Dreifaltigkeit, die Anfang, Mitte und Ziel von allem ist.
Ihr Geheimnis, das alle Begriffe und Bilder übersteigt, wird im Symbol des Gnadenstuhls angedeutet. Es ist ein Bild unfaßbarer Liebe. Der himmlische Vater hält den gekreuzigten Sohn auf seinem Schoß. Seine rechte Hand weist hin auf die offene Seitenwunde. Über Vater und Sohn schwebt der Geist der Liebe in der von der Bibel bezeugten Gestalt der Taube. Das läßt an das apostolische Zeugnis denken: »Er hat seinen eigenen Sohn nicht verschont, sondern ihn für uns alle hingegeben – wie sollte er uns mit ihm nicht alles schenken?« (Röm 8,32) Der am Kreuz geopferte Herr ist die eindringlichste Offenbarung des dreifaltigen Gottes. Er sagt uns: »Gott ist die Liebe.«
Diese Worte sind die wichtigste Botschaft, die uns die Frankenapostel zu überbringen hatten. Sie findet sich im geöffneten Buch, das Kilian auf der anderen Giebelseite uns entgegenhält. Dort ist zugleich die wichtigste Aufgabe unseres Lebens aufgezeichnet: »Wer in der Liebe bleibt, bleibt in Gott, und Gott bleibt in ihm« (1 Joh 4,16). Die Hand des Vaters, die auf das Herz seines Sohnes zeigt, und die Hand Kilians, die der Summe der christlichen Frohbotschaft gilt, korrespondieren miteinander. Sie weisen in dieselbe Richtung: hinein ins Urgeheimnis der Liebe, an dem Gottes Gnade uns alle teilhaben lassen will.

Am Anfang unseres Lebens steht ein wunderbares Geheimnis: Jedem Menschen, der in diese Welt kommt, wird eine persönliche Berufung zuteil. Er erhält Gaben und Aufgaben, die ihm allein zugedacht sind. In ihrer gewissenhaften Wahrnehmung soll er sein Glück in Zeit und Ewigkeit finden. Paulus, der vor Damaskus seine Berufung erkannte, hat in seinem Brief an die Römer diese großen Zusammenhänge herausgestellt, in denen unser Leben zu sehen ist. Er schreibt: »Alle, die er im voraus erkannt hat, hat er auch im voraus dazu bestimmt, an Wesen und Gestalt seines Sohnes teilzuhaben, damit dieser der Erstgeborene von vielen Brüdern sei. Die aber, die er vorausbestimmt hat, hat er auch berufen, und die er berufen hat, hat er auch gerecht gemacht; die er aber gerecht gemacht hat, die hat er auch verherrlicht« (Röm 8, 29 f.).

Von diesen uns alle betreffenden Gegebenheiten spricht auch der Kiliansschrein. Das Bild des Gnadenstuhls an seiner Giebelseite weist uns hin auf den dreifaltigen Gott als den Ursprung von allem, was ist. In seiner ewigen Liebe ist unser Leben begründet. Die Liebe des Vaters zu seinem eingeborenen Sohn umfaßt alle Menschen, die dazu bestimmt sind, an dessen Wesen und Gestalt teilzuhaben. Damit das wahr wird, schenkt Gott die Gnade der persönlichen Berufung. Davon handelt das erste Szenenpaar auf der Längsseite des Schreins. Wie in allen weiteren Darstellungen ist auf der senkrechten Wand ein Bild Christi zu finden. Indem Menschen an »dessen Wesen und Gestalt« teilhaben, werden sie zu Heiligen. Das geschieht durch Gottes Gnade, wie der Völkerapostel mit den Worten unterstreicht: »Die er berufen hat, hat er auch gerecht gemacht.« Bis hin zum Martyrium zeigen die weiteren oberen Reliefs, wie unsere Frankenapostel kraft dieser Gnade gewirkt haben. Die letzte Szene schließlich gilt der Erfüllung des Pauluswortes: »Die er gerecht gemacht hat, die hat er auch verherrlicht.« Als Jünger Christi, die ihrer Berufung gemäß gelebt haben und gestorben sind, empfangen Kilian, Kolonat und Totnan Anteil an der ihnen von Ewigkeit zugedachten himmlischen Herrlichkeit.

Als Menschen, die von ihrer Berufung tief ergriffen waren und ihr konsequent Folge geleistet haben, können unsere Heiligen jedem von uns helfen, die eigene Berufung zu erkennen und den Weg zu finden, den Gott für jeden bereitet hat. Daher erinnern uns die Berufungsbilder des Schreins nicht nur an Ereignisse der Vergangenheit; sie wollen uns zugleich die Augen für das öffnen, was uns heute und morgen ganz persönlich angeht. Das erste Bild führt uns an den See Genesareth, in eine Land-

Die Berufung der ersten Jünger.

Die Berufung der Frankenapostel.

Im Seesturm.

Auf hoher Fahrt.

schaft also, die an die irische Insel und ihre Fischer denken läßt. Die Brüder Petrus und Andreas wurden seit den Anfängen der Diözese in Würzburg besonders verehrt. Kloster und Kirche des heiligen Burkard waren zunächst der Mutter Gottes und dem heiligen Andreas geweiht. Das später ausschließlich nach dem Erzmärtyrer Stephanus benannte Kloster hatte als erste Patrone Petrus und Paulus. Die Petererkirche kann uns heute noch daran erinnern. Petrus und Andreas erleben ihre Berufung mitten in ihrer Berufsarbeit. Beide halten das Fischernetz, mit dem sie ihr tägliches Brot verdienen, in ihrer Hand. Jesus fordert sie auf, es fahren zu lassen, um fortan als Menschenfischer zu wirken. Was der Evangelist berichtet, macht auch das Bild deutlich: »Sogleich ließen sie ihre Netze liegen und folgten ihm.«
Kilian, Kolonat und Totnan erleben ihre Berufung auf andere Weise. Während die Brüder am See Jesus unmittelbar begegneten, ihn sehen und hören konnten, werden die Frankenapostel durch die Bibel angesprochen. Auf dem Bild hält Christus sie geöffnet uns allen entgegen. Im ältesten Kiliansbericht heißt es, daß sie »durch die Stimme des Evangeliums und zugleich des Herrn ermahnt« wurden; überdies wird betont, daß Kilian »ganz im Herzen und im Geist davon ergriffen« war. Die Umschrift um die Berufungsszene gibt diese Worte wieder. Sie erinnert auch an den entscheidenden Satz Christi: »Wer mein Jünger sein will, der verleugne sich selbst, nehme sein Kreuz auf sich und folge mir nach.« (Lk 9, 23) Christus hält denen, die er liebt, Kreuz und Bibel entgegen. Unsere Patrone reagieren darauf in unterschiedlicher Weise. Das kann nochmals bewußt machen, daß jeder persönlich gemeint ist und auch persönlich sich zu entscheiden hat. Kilian sinkt vor dem Herrn in die Knie. Er ist ganz auf ihn ausgerichtet und breitet seine Hände aus, bereit, alles anzunehmen, was ihm anvertraut wird. Kolonat geht zunächst zögernd auf den Herrn zu. Er faltet die Hände angesichts dessen, was ihm begegnet. Vielleicht ist ihm vieles noch nicht recht klar; in jedem Fall weiß er, daß er auf Hilfe von oben angewiesen ist, wenn er dem Ruf folgen soll. Totnan wirkt dagegen geradezu beschwingt. Er streckt seine Linke dem Herrn entgegen und öffnet beide Hände für die ihm zugewiesenen Gaben. Das Kreuz in der Hand Christi zeigt an, daß alle Gnade der Berufung eine Kreuzesgnade ist: Sie ist am Kreuz vom Herrn verdient, sie führt mitten hinein in das Geheimnis der Liebe, die sich am Kreuz offenbart, sie lädt ein, das Kreuz zu tragen und sich von ihm tragen zu lassen.
In der irischen Heimat der Frankenapostel sprach man von einem dreifachen Martyrium. Man kennzeichnete es mit den Farben

Grün, Weiß und Rot, die sich heute noch in der Nationalflagge Irlands finden. Das *grüne* Martyrium erleidet, wer sich in die konsequente Nachfolge Christi begibt. Im Beten, Fasten und Büßen schließt er sich seinem Herrn an und gibt so Zeugnis von ihm. Das *weiße* Martyrium vollzieht sich, wenn einer alles, was ihm lieb und wert ist, für Gott hingibt. Das geschieht insbesondere dann, wenn einer aus freien Stücken für immer die geliebte Heimat verläßt. Damit nimmt er eine der härtesten Strafen auf sich, die damals gegen Strafverbrecher verhängt wurde: die Trennung von Familie und Sippe, von Volk und Vaterland. Im *roten* Martyrium setzt einer sein Leben für den Herrn und dessen Botschaft ein und bezeugt so mit allem, was er hat, die Christuswahrheit. Jedes dieser drei Martyrien hat mit den anderen zu tun. Jedes wirft Licht auf die anderen und so auch auf unser aller Leben. Alle Formen erinnern uns daran, daß der Herr alle Christen beauftragt, seine Martyres, seine Zeugen zu sein (Apg 1,8).

Der Kiliansschrein stellt uns das vor Augen. Er kann zugleich bewußtmachen, daß die Frankenapostel alle drei Formen des Martyriums verwirklicht haben. Auf beiden Längsseiten steht eine Martyriumsszene im Zentrum: Die Frankenapostel im Schiff, die ihre Heimat hinter sich lassen und auf dem Weg in die unbekannte Ferne sind, leben im weißen Martyrium; unter den Schwerthieben der Mörder findet ihr Wirken im Blutzeugnis seine Vollendung. Vor beiden zentralen Szenen tritt etwas vom grünen Martyrium zutage: In der Berufung zeigt ihnen Christus sein Kreuz und sagt ihnen: »Wer mein Jünger sein will, der verleugne sich selbst, nehme täglich sein Kreuz auf sich und folge mir nach.« (Lk 9,23) In ihrem Gebet vor dem gewaltsamen Tod wenden sich alle drei dem Gekreuzigten zu; auf dem Weg des grünen Martyriums gehen sie dem roten entgegen. Über ihrem Bild steht die Zeile der Passio Kiliani, die ausdrücklich festhält: »Die Märtyrer Christi gaben sich Tag und Nacht dem Gebet und Fasten hin.«

Höhepunkt ihres Lebens und Wirkens ist ihr Sterben. Auf den ersten Blick erscheint es als Katastrophe. Das kaum begonnene Werk wird mit Gewalt beendet. Ihr Leben wird ausgelöscht. Die politische Macht, die Geilana verkörpert, und die brutale Gewalt, die in ihren willigen Werkzeugen sich zeigt, kommen voll zur Auswirkung. Demgegenüber erscheinen die drei Missionare wehrlos. Gleichwohl gehen sie als Sieger aus diesem Zusammenprall zweier Welten hervor. Sie sind bereit, das ihnen zugewiesene Geschick in der Nachfolge Christi auf sich zu nehmen. Jeder tut es auf seine Weise: Kolonat schaut auf Kilian, der das Kreuz und die Bibel emporhält. Totnan neigt sich opferbereit den tödlichen Schlägen. Er erinnert an das Prophetenwort, das in der Passion Christi seine Erfüllung findet: »Wie ein Lamm, das man zum Schlachten führt, und wie ein Schaf angesichts seiner Scherer, so tat auch er seinen Mund nicht auf.« (Jes 53,7) Kilian steht breitbeinig, hochaufgereckt in der Mitte. Er hält Kreuz und Bibel fest in seinen Händen und wird zugleich von beiden gehalten und hochgehalten. So kann er gläubige Zuversicht ausstrahlen. Zusammen mit seinen Gefährten bildet der Bischof ein lebendiges Dreieck: Sterbend noch weisen sie hin auf das Urgeheimnis der dreifaltigen Liebe. Sie bezeugen uns: »Gott ist die Liebe!« (1 Joh 4,16) Sie beschwören uns: »Liebt einander!« (Joh 13,34)

Auf zweifache Weise stellt uns der Kiliansschrein eine Wahrheit vor Augen, die wir allzu leicht verkennen, vergessen oder verdrängen: Wir sitzen alle in einem Boot. Wie zu seinen Freunden am See Genesaret, so sagt Jesus Christus zu allen, die an ihn glauben: »Wir wollen ans andere Ufer hinüberfahren.« (Mk 4,35) Im Schiff seiner Kirche sollen wir vor den Gefahren der Welt gerettet werden und sicher zum anderen Ufer unseres Lebens gelangen. Zugleich ist uns aufgetragen, auf dem Schiff und in aller Welt möglichst vielen zu helfen. Alle vom Herrn Geretteten sind gerufen, durch ihn und mit ihm Retter zu werden.

Dabei ist auch das Schiff der Kirche großen Bedrängnissen ausgesetzt. Zwei von ihnen macht der Schrein uns bewußt: Sturm und Windstille. Wie die Bibel berichtet, gerät das Boot auf dem See Genesaret in einen heftigen Wirbelsturm. Wie eine Nußschale scheint das Boot den Wellen preisgegeben. Wasser dringt ein. Selbst die see-erfahrenen Jünger fürchten das Schlimmste. Voller Angst rufen sie um Hilfe.

Ein ganz anderes Bild zeigt die Frankenapostel bei der Überfahrt von ihrer irischen Heimat ins Frankenland. Flach liegt das Boot auf dem Wasser, das sich nur leicht kräuselt. Kein Lüftchen weht. Die Segel sind nutzloser Ballast geworden. Zusammengerollt hängen sie am Quermasten. Das Schiff ist wie auf bleiernem Grund festgenagelt. Nichts scheint sich mehr zu bewegen.

Es sei dahingestellt, welche Gefährdung schwerer zu bestehen ist. In der Kirchengeschichte haben die Sturmzeiten wiederholt vielen Segen mit sich gebracht, während Perioden der Ruhe sich ungut ausgewirkt haben. Gab es nicht auch bei uns in der Not des Krieges entschiedeneres Glauben und festeres Zusammenhalten als später im Zeichen des Wohlstandes? Hat nicht mancher in der Bedrängnis zum Herrn gefunden, der ihn in Reichtum und Gesundheit vergessen hat?

Bergpredigt.

Missionarischer Einsatz.

Wie immer die äußere Situation bestellt ist, entscheidend ist, daß alle in dem einen Schiff miteinander ans Werk gehen. Wie die Apostel auf dem See dürfen wir wissen: Der Herr ist mitten unter uns. Auch wenn wir seine Hilfe nicht sogleich wahrnehmen, ist er für uns da. Er ist auch im Boot der Frankenapostel. Kilian hält sein Zeichen empor. Es steht über allem, was sie tun. Mögen sich Wind und Meer nicht bewegen, die irischen Missionare bewegen sich und bewegen das Boot. Auch im zupackenden, energischen Rudern sind sie »fest miteinander vereint«. Ihr Blick wird weder von Wasser noch von den Wolken gefesselt, er geht nach vorn auf das Ziel, das ihnen vom Herrn zugewiesen ist. Mit vereinter Kraft steuern sie es an. Der eine Herr läßt sie »ein Herz und eine Seele« (Apg 4,32) sein. In ihrem Mund kann man sich das Schifferlied vorstellen, mit dem der Ire Columban seine Missionsgefährten angefeuert hat:

»Lenkt auf Christus den Sinn, ihr Männer, und singet Ihm Heja! Seid nur standhaft im Geist, verachtet die Listen des Feindes; Mit der Tugenden Wehr besteht den Kampf ihr als Sieger. Lenkt auf Christus den Sinn, ihr Männer, und singet Ihm Heja! Alles besiegt ein starker Glaube, ein heiliger Eifer. Fliehend zerbricht der alte Feind seine giftigen Pfeile. Lenkt auf Christus den Sinn, ihr Männer, und singet Ihm Heja!«

Was würde aus unseren Pfarrgemeinden, was aus unseren Vereinen und Verbänden, was aus unserer Diözese und aus der gesamten Kirche, wenn alle in dem einen Boot fest miteinander vereint im Geist der Frankenapostel tun würden, was der Herr uns aufgetragen hat!

Energisch zurückweisen müßte man die Worte: »Ihr seid das Licht der Welt«, wenn nicht Jesus Christus selbst sie uns sagte (Mt 5,15). Von ihm bekennen wir, daß er in einzigartiger Weise *»das Licht der Welt«* ist (Joh. 8,12). In ihm leuchtet das ewige Licht in unsere Welt hinein.

Das zeigt sich besonders in der *Bergpredigt.* Symbol dafür ist die Sonnenscheibe. Sie erinnert an die Worte, mit denen Jesus die Liebe des Vaters schildert: »Er läßt seine Sonne aufgehen über Bösen und Guten« (Mt 5,45). Sie sagt uns überdies, daß der Vater durch seinen Sohn, die »Sonne der Gerechtigkeit« (Mal 3,20), alle erleuchten will. Die Menschen auf dem Bild von der Bergpredigt werden davon ergriffen. Sie sind dem Licht zugwandt, das vom Herrn ausgeht; vom Jüngsten bis zum Ältesten schauen sie auf ihn und hören ihm zu.

Am wichtigsten für sie ist, was Jesus vom himmlischen Vater und seiner Güte und Barmherzigkeit offenbart. Um so mehr muß es sie überraschen, wenn er ihnen ans Herz legt, was unter dem Relief zu lesen ist: »Ihr sollt also vollkommen sein, wie es auch euer himmlischer Vater ist.« (Mt 5,48) Zu dieser Berufung gehört der Auftrag: »Ihr seid das Licht der Welt«. Wer das Licht des Herrn empfängt, darf und soll es weitergeben. Von Jesus Christus aus sollen Lichtstafetten nach allen Seiten ausgehen, damit sein Licht überall die Finsternis überwinden kann.

Kilian und seine Gefährten haben sich als Mitglieder der Lichtstafette Christi bewährt. »Als Licht, das auf den Leuchter gestellt wurde, leuchtete er allen«, heißt es in der jüngeren Passio Kiliani (n. 8). »An deiner Lehr' das Licht entbrannt, das nicht erlischt im Frankenland«, singen wir im altvertrauten Kilianslied. Das Relief über dem der Bergpredigt stellt uns vor Augen, wie die Frankenapostel als »Licht der Welt« im Sinn des Herrn gewirkt haben. »Fest miteinander vereint« geben sie in Wort und Sakrament weiter, was sie empfangen haben. Kolonat und Totnan zeigen durch die Bibel und das Kreuz in ihren Händen, was sie verkünden: Es ist die Frohbotschaft von der unendlichen Liebe Gottes, die sich am Kreuz offenbart. Kilian spendet Gozbert, der sich diese Wahrheit zu eigen gemacht hat, die heilige Taufe. In ihr wird er mit Christus vereint; er stirbt mit ihm und kann mit ihm auferstehen. Fortan ist auch das Dunkel seines Lebens und seines Volkes durch das Licht Christi erhellt; gerade der Herzog ist berufen, es seinen Untertanen weiterzugeben.

Die Umschrift charakterisiert *Kilians Einsatz.* Sie hält fest, daß er von der Liebe erfüllt »mit ehrfürchtigem Sinn und frommem Eifer alles tat, was immer er für das Heil der Seelen und für die Verbreitung des Glaubens als wichtig erachtete.« (Passio minor n. 1). Das ist zugleich eine Anfrage an jeden von uns, so wie die Worte in der Mitte über dem Relief von der Bergpredigt und unter dem Bild vom missionarischen Einsatz der Frankenapostel die Verantwortung eines jeden Christen herausstellen: »Ihr seid das Licht der Welt.« Wir alle sind berufen und verpflichtet, nach Kräften miteinander zu missionieren.

Zur Nachfolge Christi gehört, daß wir *das Kreuz des Todes* aus der Hand des Herrn annehmen, wann, wo und wie er immer will. Die Frankenapostel haben es getan. Das Relief, das uns daran erinnert, hängt eng mit dem schräg gegenüberliegenden zusammen, mit dem der ganze Kilianszyklus beginnt. Dort ist der Anfang ihres Kreuzwegs zu sehen, hier finden wir sie kurz vor dessen Gipfel. In der ersten Szene beugt Kilian das Knie vor dem Herrn, der ihm das Kreuz entgegenhält. Kolonat und Totnan stehen neben ihm, der eine noch unschlüssig, der andere zum Aufbruch bereit.

Das hohepriesterliche Gebet.

Vorbereitung auf den Tod.

Kreuzesleiden und -tod.

Martyrium.

Kurz vor ihrem Tod haben sich alle drei auf die Knie geworfen. Sie sind in einer Situation, wie Jesus sie dem Petrus mit den Worten prophezeit hat: »Als du noch jung warst, hast du dich selbst gegürtet und konntest gehen, wohin du wolltest. Wenn du aber alt geworden bist, wirst du deine Hände ausstrecken, und ein anderer wird dich gürten und dich führen, wohin du nicht willst« (Joh 21,18). Alle drei sind dem Kreuz zugewandt, das sie wie ein Magnet anzieht. Es nimmt die Form des ältesten Kreuzes im Würzburger Dom auf, das erst nach dem Krieg wieder entdeckt wurde. Heute hängt es in der Domkrypta. An der Stelle, wo die Balken sich kreuzen, ist das Antlitz des Herrn zu sehen. Das Kreuz ist mehr als ein totes und tötendes Werkzeug der Gewalt. Es ist Zeichen und Instrument der göttlichen Liebe. Von seiner Mitte her schaut der Herr die Seinen an. Vom Kreuz aus will er alle an sich ziehen (Joh 12,32).

Auch er hat sich auf seinen Tod vorbereitet und entschieden sein Ja gesprochen. Alle Evangelien berichten von verschiedenen Schritten, die er bewußt auf das Kreuz zu tut. Von besonderer Bedeutung ist *das hohepriesterliche Gebet Jesu,* das seinem hohepriesterlichen Opfer unmittelbar vorausgeht. Eigenartigerweise ist es kaum von Künstlern dargestellt worden. Das ist um so mehr zu bedauern, als in ihm der Sinn der Passion Christi und zugleich der Sinn der Menschheitsgeschichte eindringlich zur Sprache kommt. Auf dem Kiliansschrein finden wir unter dem Passionsgebet der Frankenapostel ein eindrucksvolles Bild vom Beten Jesu am Abend vor seinem Leiden im Kreis der Apostel. Er erfleht, was durch seinen Kreuzestod Wirklichkeit werden soll: die Verherrlichung des Vaters und die Gemeinschaft der Seinen, damit diese und schließlich alle Menschen gerettet werden. »Alle sollen eins sein: ... damit die Welt glaubt« (Joh 17,21) betet der Herr und formuliert damit zugleich sein Testament für uns.

Die vor ihrem Martyrium betenden Frankenapostel sind innig mit dem sich opfernden Hohenpriester verbunden. Sie sind bereit, ihm zu folgen. Sie verherrlichen mit ihm den Vater, und dieser schenkt ihnen Anteil an seiner Herrlichkeit. Gerade jetzt geht ihre Gemeinschaft dem irdischen Höhepunkt entgegen, sie werden »vollendet in der Eigenheit« (vgl. Joh 17,23). Zugleich empfangen sie als Gottes Gaben *Frieden und Freude* (vgl. Röm 14,17). Menschlich gesehen müßten sie angesichts der tödlichen Bedrohung verzweifeln. War nicht alles gefährdet, was sie mit hohem Einsatz begonnen hatten? Was sollte aus der Missionierung werden, die gerade ihren Anfang nahm? Mußte die eben aufgehende Saat nicht mit ihnen zugrundegehen? Was immer man denken mochte, sie wußten alles in Gottes Hand gut aufgehoben. So konnten sie, wie die Passio Kiliani festhält, »froh ohne Traurigkeit und ergeben ohne Furcht« (n. 9) sein. So waren sie auf dem besten Weg, für immer einzugehen in die Freude des Herrn (vgl. Mt 25,21 und 23).

Das Evangelium vom Fest des heiligen Kilian hat auf seinem Schrein eine dreifache Gestaltung gefunden: Eine erste zeigt uns Jesus inmitten des Volkes bei seiner Bergpredigt. Die Seligpreisungen, die an ihrem Anfang stehen, spiegeln sich wider in den sechs Szenen aus dem Leben der Frankenapostel. Schließlich werden sie in den acht Figuren dargestellt, die den Schrein tragen. So unterschiedlich diese Gestaltungen sind, so sehr gehören sie zusammen und erhellen einander.

Der erste Evangelist gibt uns in der Bergpredigt eine programmatische Zusammenfassung der Botschaft Jesu. An ihrer Spitze finden wir neunmal das Wort »selig«. Er ist ein Schlüssel zum Verständnis der Lehre, des Lebens und des Sterbens Jesu. Gottes Sohn ist Mensch geworden, um uns Anteil zu geben an der unendlichen Freude, die den dreifaltigen Gott beseligt. Allen soll dieses Geschenk zuteil werden, zuerst aber denen, die in Not und Elend sind. So hat es seinen tiefen Sinn, daß im Relief von der Bergpredigt Menschen aller Altersstufen Jesus umlagern.

Am nächsten bei ihm sind die Kinder. Zutraulich ihm zugewandt verkörpern sie die heilige Sorglosigkeit, die vor dem gütigen Vater im Himmel angebracht ist. Sie machen deutlich, in welchem Geist wir das Vaterunser beten sollten, das zu den unvergänglichen Schätzen der Bergpredigt gehört. Nachdrücklich kann Jesus im Blick auf sie sagen: »Wenn ihr nicht umkehrt und wie die Kinder werdet, könnt ihr nicht in das Himmelreich kommen« (Mt 18,3). Die Verheißung der Seligkeit ist zugleich ein eindringlicher Ruf zu Umkehr. Gott zwingt seine Gaben nicht auf, er bietet sie an und gibt sie nur dem, der sich ihm zuwendet.

Der Kilianszyklus beginnt mit einer Szene der Umkehr und Zuwendung. Sie ist zugleich eine erste Verkörperung der Seligpreisungen, der sich weitere anschließen bis sich deren Erfüllung abzeichnet. Auf der Suche nach dem Sinn des Lebens, hungernd und dürstend nach Gerechtigkeit, finden die jungen Iren Hilfe beim Herrn (1). Offenen Herzens nehmen sie diese an folgen seinem Ruf. Arm vor Gott sind sie bereit, alles zurückzulassen und »ohne alles« Christus zu folgen (2). Als Friedensstifter kommen sie ins Frankenland. Barmherzig nehmen sie sich der Nöte der Menschen an, verkünden das Evangelium und spenden die Sakramente (3). Ihre Vorbereitung auf das Sterben (4) erweist sie als Menschen, »die ein reines Herz haben«; so können sie selbst an-

Auferstehung.

Himmlische Herrlichkeit.

gesichts des Todes »froh ohne Traurigkeit« sein (4). »Um der Gerechtigkeit willen verfolgt«, erleiden sie den Tod und reihen sich so in das Heer der Trauernden ein. Auch der brutalen und ungerechtfertigten Attacke gegenüber wenden sie keine Gewalt an. Sie sterben im Zeichen des Kreuzes, das Kilian dem Zepter Geilanas und den Schwertern der Mörder entgegenhält (5). Die letzte Szene schließlich zeigt an, daß sich die Verheißungen der Seligpreisungen Jesu an ihnen erfüllen: »Ihnen gehört das Himmelreich«, sie werden satt und getröstet, sie finden Erbarmen; als Söhne Gottes dürfen sie Gott schauen.

Eine weitere Gestalt finden die Seligpreisungen des Festevangeliums in den acht Trägerfiguren, auf denen das ganze Gewicht des Schreins lastet. Sie entsprechen den Menschen, die sich in der Bergpredigtszene um Jesus scharen: Hier wie dort sind jung und alt, Männer und Frauen vertreten. Jesu Frohbotschaft wendet sich an alle, seine Seligkeiten sind allen zugedacht. So können uns die namenlosen Gestalten bewußt machen, daß die Gnaden, die den Frankenaposteln zuteil wurden, jedem von uns angeboten werden. Ihre Seligkeit soll auch die unsere werden. Jede Trägerfigur breitet die Arme und Hände aus; jede ist bereit, anzunehmen, was der Herr gibt. So kann jede eine besondere Seligpreisung symbolisieren. In der empfangenden Haltung ist jede befähigt, die ihr zugewiesene Last zu tragen. Ein Knie auf dem Boden, das andere gebeugt, lassen sie erkennen, daß sie zum Gebet wie zum Aufbruch entschlossen sind. Miteinander verbinden sie den Schrein mit dem Altar, dem Symbol Christi. Sie stehen stellvertretend für die Generationen von Christen, denen die Frankenapostel ihren Glauben verdanken, wie für jene, die ihn durch deren Zeugnis empfangen haben. Zusammen mit ihnen sagen sie uns:

»Sei hungrig, arm und sanft, barmherzig, friedlich, rein,
Betrübt, verfolgt um Gott: so kannst du selig sein.«
(Angelus Silesius, Cherubinischer Wandersmann, II, 217)

Im letzten Buch der Bibel wendet sich der Herr an die Gemeinde von Smyrna. Sie lebt in Armut und Bedrängnis, sie muß auf weitere Verfolgungen gefaßt sein. Ihre Not ist typisch für das Schicksal der gesamten Kirche in allen Jahrhunderten; entsprechend gilt auch die ihr geschenkte Heilsverheißung den Gläubigen aller Zeiten: »So spricht Er, der Erste und der Letzte, der tot war und wieder lebendig wurde: Sei treu bis in den Tod; dann werde ich dir den Kranz des Lebens geben« (Offb 2,8 u. 10). Hier wird deutlich, daß die Christen in das Geschick ihres Herrn hineingenommen werden, in sein Leiden und Sterben und in sein Auferstehen. Voraussetzung dafür ist die *Treue.* Sie ist eine Gabe, Teilhabe an seiner Treue, und zugleich immer wieder zu vollziehende Lebensentscheidung jedes einzelnen. In den Heiligen wird das in vorbildlicher Weise wahr. Sie sind »treu bis in den Tod«, sie sind es darüber hinaus. Wie ihr Leben nicht endet, so nicht ihre Treue; auch sie wird gewandelt, vertieft und intensiviert. Die Heiligen, die für immer beim Herrn sind, werden stärker, als es auf Erden möglich ist, seiner Treue teilhaft. So können sie noch wirksamer, als es zeitlebens möglich war, für immer als treue Helfer tätig sein.

Das große rückwärtige Relief des Kiliansschreins stellt uns das vor Augen. Es weist uns hin auf den treuen Dienst der Frankenapostel auf Erden wie im Himmel. Noch einmal stehen sie vor uns, wie sie aus ihrer irdischen Heimat aufgebrochen sind: In Treue »fest miteinander verbunden«. In ihren Händen halten sie Gaben, die jedermann braucht: Licht, Brot und Wein und das Buch der Bücher.

Das läßt zunächst an den *liturgischen Auftrag* denken, den sie in

Selig,
die Frieden stiften.

Treue wahrgenommen haben. Bischof, Priester und Diakon sind zusammen mit dem Dienst des Wortes und dem der Eucharistie betraut. Im Lichte der Kerzen dürfen sie die Gaben des Volkes darbringen und die gewandelten Gaben an die Mitfeiernden austeilen. Sie haben zugleich alles zu tun, daß die *»Liturgie nach der Liturgie«* ihren rechten Gang nimmt. Wer der eucharistischen Gemeinschaft gewürdigt wird, ist befähigt und verpflichtet, im Sinne des Herrn weiterzuwirken. Was er empfangen hat, ist weiterzugeben. Demgemäß erinnern die Gaben in den Händen der Frankenapostel an die leiblichen und geistigen Werke der Barmherzigkeit, insbesondere an den Auftrag, Hungernde zu speisen, Durstige zu tränken, Unwissende zu belehren, Trauernde zu trösten. Die wichtigste Hilfe ist die glaubwürdige Weitergabe der Frohbotschaft, weil der Mensch nicht nur vom Brot, »sondern von allem lebt, was der Mund des Herrn spricht« (Dtn 8,3).

Im geöffneten Buch hält uns Kilian die Worte aus dem ersten Johannesbrief entgegen, die eine *Summe der Frohbotschaft* bilden und zugleich die wichtigste Lebensaufgabe benennen: »Gott ist die Liebe, und wer in der Liebe bleibt, bleibt in Gott, und Gott bleibt in ihm« (1 Joh 4,16). Die Hand Kilians, die auf diese beglückende Wahrheit hinweist, spiegelt den Gestus wider, mit dem auf den Gnadenstuhl des Frontreliefs der ewige Vater den Blick auf die durchbohrte Seite seines Sohnes lenkt. Der Gekreuzigte hat es uns in seiner Ganzhingabe offenbart: »Gott ist die Liebe«. In der Liebe bleiben heißt deshalb kraft des Heiligen Geistes in ihm und so im Vater bleiben. So erbittet es der Herr im hohepriesterlichen Gebet mit den Worten, die ebenfalls auf dem Schrein festgehalten sind: »Wie du, Vater, in mir bist und ich in dir bin, sollen auch sie in uns sein« (Joh 17,21).

Dieses unfaßbare In-sein in Gott, der die Liebe ist, findet im *Himmel* seine höchste Erfüllung. Zum Glück der ewigen Seligkeit gehört die uneingeschränkte Gemeinschaft mit dem dreieinigen Gott. In ihr ist das In-sein und das Füreinander-sein untrennbar verbunden. Das ist auch der tiefste Grund für die Tatsache, daß die Heiligen auch jenseits der Todesgrenze treue Helfer sind. Die Hilfe des Herrn *für* sie hört so wenig auf wie seine Hilfe *durch* sie. So sind die Heiligen dem Herrn und zugleich uns für immer verbunden. In Gott lebend sind und bleiben sie in der Liebe, sind und bleiben sie treue Helfer.

»Deinen Gläubigen, o Herr, wird das Leben gewandelt, nicht genommen.« So betet die Kirche in der ersten Präfation für die Verstorbenen. Sie fügt hinzu: »Und wenn die Herberge der irdischen Pilgerschaft zerfällt, ist uns im Himmel eine ewige Wohnung bereitet.« Was wir alle erhoffen dürfen, ist für die Heiligen jetzt schon beseligende Wirklichkeit. Sie erleben die Vollendung dessen, was der Herr ihnen auf Erden geschenkt hat und was sie in Treue bewahrt haben. Durch die Gnade des Glaubens wurden sie mit Jesus Christus vereint. Seit der Taufe ist sein Geschick auch ihr Geschick geworden. Sie haben sein Kreuz auf sich genommen und getragen, bis sie, fest an es genagelt, von ihm getragen wurden. Es trägt sie auch durch den Tod hindurch. Den ersten Christen stand das durch das Untertauchen bei der Taufspendung anschaulich vor Augen. In diesem Zeichen erlebten sie das Begrabenwerden mit Christus. Im Auftauchen erkannten sie das ihnen verheißene Geschenk der Auferstehung mit ihrem Herrn. Vielen war es überdies bewußt, daß ihre Entscheidung für Christus eine *Entscheidung auf Leben und Tod* war, sind doch Ungezählte wegen ihres Glaubens umgebracht worden. Bis in unser Jahrhundert hinein, das die meisten Märtyrer seit Beginn der Kirche aufweist, sind seine Blutzeugen buchstäblich mit Christus in den Tod gegangen.

Selig,
die um der Gerechtigkeit
willen verfolgt werden.

Nicht nur ihre Verfolger, sondern auch etliche andere, die neutral zu sein meinen, haben ihr gewaltsames Ende als Niederlage und Untergang gewertet. In Wahrheit war es der Schritt, der mitten hinein in die Herrlichkeit des Auferstandenen geführt hat. Was der Völkerapostel unter Bezug auf das Taufgeschehen jedem Gläubigen versichert, hat sich bei den Märtyrern erfüllt: »Wenn wir nämlich ihm gleich geworden sind in seinem Tod, dann werden wir mit ihm auch in seiner Auferstehung vereinigt sein« (Röm 6,5).

Auf diese Zusammenhänge verweist das letzte Reliefpaar des Kiliansschreins. Unten finden wir den *Auferstandenen* in seiner Glorie. Zu seinen Füßen sind Menschen niedergestreckt, die gegen ihn angetreten sind. Selbst angesichts des im Grab Verschlossenen sind sie mit Lanzen aufgezogen. Jetzt sind ihre Waffen nutzlos, sie können nicht einmal als Stütze für die Stürzenden dienen. In derselben Lage wie die Grabeswächter ist der mächtige Herrscher der Welt, dem sich sonst alle beugen: der Tod. Auch er ist vom Auferstandenen besiegt. Die Umschrift der Osterszene konfrontiert uns mit den Worten, mit denen Paulus dieses Faktum verkündet. Er tut es, indem er die gesamte Menschheitsgeschichte vom Anfang bis zur Vollendung ins Licht rückt: »Da nämlich durch einen Menschen der Tod gekommen ist, kommt durch einen auch die Auferstehung der Toten. Denn wie in Adam alle sterben, so werden in Christus alle lebendig gemacht werden« (1 Kor 15,21 f).

Während die antichristlichen Mächte vor dem Auferstandenen zu Boden sinken, sind *die drei Märtyrer* in dem abschließenden Bild des Kilianszyklus mit ihm vereinigt. Der »Erste der Entschlafenen« (1 Kor 15,20) läßt sie an einem Ostersieg teilhaben. »Freund Kilian, steh auf. Du wirst allzeit als Sieger bei mir sein.« Diese Worte gehören in der jüngeren Passio zu den letzten Weisungen, die Kilian kurz vor seinem Tod empfängt. Sie stehen unter dem Bild von der himmlischen Herrlichkeit der Frankenapostel, weil sie in dieser zur vollen Erfüllung kommen. Das Wort *»Sieger«* läßt an die sieben Briefe an die Gemeinden in Asien denken, die im letzten Buch der Bibel aufgezeichnet sind (Offb 2,1–3,22). So unterschiedlich deren Situation jeweils ist, ihnen allen verspricht der Herr himmlische Gaben, wenn sie mit ihm siegen.

Die Tatsache, daß diese Briefe an die ganze Christenheit und an *alle Gläubigen* gerichtet sind, kann uns bewußt machen, daß die Siegerverheißung, die Kilian empfängt, allen zugedacht ist. Das Bild von der himmlischen Herrlichkeit der Frankenapostel ist daher auch ein Vor-Bild dessen, was der Herr uns allen schenken will: »Wer siegt, dem werde ich zu essen geben vom Baum des Lebens« (2,7). »Wer siegt, dem wird der zweite Tod nichts anhaben« (2,11). »Wer siegt, der darf mit mir auf meinem Thron sitzen, so wie auch ich gesiegt habe und mich mit meinem Vater auf seinen Thron gesetzt habe« (3,22).

Ort der Stille und Ziel vieler Beter ist die Kiliansgruft unter der Neumünsterkirche, in der der Schrein mit den Gebeinen der drei Missionare seinen Platz hat.

Fränkisch-irische Beziehungen gestern und heute

Werner Häußner

1300 Jahre Gedenken an Mission und Martyrium der Frankenapostel: Ein solches Jubiläum lenkt den Blick auf die Wurzeln des eigenen Glaubens und damit unwillkürlich auf das Land, aus dem Kilian, Kolonat und Totnan stammen: Irland. Wie Hunderte anderer Mönche verließen sie ihre Heimat, um in strengstem Sinn von Nachfolge Jesu »Pilger und Fremdlinge in der Welt« zu sein. Sie kamen von einer klosterübersäten Insel, auf der sich über 200 Jahre lang ungestört von äußeren Einflüssen eine blühende christliche Kultur entfalten konnte, während auf dem Festland die wirren Jahrzehnte der »Völkerwanderungszeit« in ganzen Landstrichen alte christliche Gemeinden erlöschen ließen.

Obwohl diese wandernden Iren die Beziehungen zur Heimat bewußt abgebrochen hatten, schuf ihr missionarisches Wirken neue Brücken über das Meer: Das Wissen, den Glauben irischen Boten zu verdanken, war zumindest in Franken ungebrochen über die Jahrhunderte hin lebendig. Es drückte sich in vielfältigen Kontakten aus, die – mit wechselnder Intensität – mit der Insel am Westrand Europas bestanden. Die Diözesanwallfahrt, die im Juni 1987 nach Irland führte, war ein erster Schritt, diese Beziehungen in unserer Zeit wieder aufzufrischen.

Unter den wenigen irischen Heiligen, deren Wirken auf dem Festland schon im Mittelalter in ihrer Heimat bekannt war, nimmt der heilige Kilian einen hervorragenden Platz ein: Sein Name taucht schon um 800 in einem Märtyrer-Verzeichnis auf, das im Kloster Tallaght (südlich von Dublin) entstanden ist. Außerdem hat Kilian einen festen Platz in der irischen Frömmigkeitsgeschichte und dürfte – so Alfred Wendehorst – der einzige »kontinental-irische« Heilige sein, dem alte Patrozinien in Irland gewidmet sind.

Für sehr alte Beziehungen zwischen Würzburg und Irland gibt es noch andere Indizien: Karl der Große, der 788 anläßlich der Übertragung der Gebeine der Frankenapostel von der Marienburg zum Dom in Würzburg weilte und Weihnachten 793 »ad sanctum Chilianum in Wirzingburg« feierte, scheint mit dem irischen Märtyrer besonders verbunden gewesen zu sein. Vielleicht brachten die Gesandten, die Karl in das berühmte Kloster Clonmacnois schickte, die Kunde von St. Kilian übers Meer. Vielleicht auch die Iren, welche um 800 schon die Kirche St. Kilian zum Ziel ihrer Wallfahrten machten. Angenommen wird auch, daß Besucher von der Insel die irischen Handschriften mitbrachten, die als »Libri Sancti Kyliani« berühmt, heute in der Würzburger Universitätsbibliothek liegen.

Seit dem 12. Jahrhundert sind dann intensive Kontakte belegt. Es gab eine Herberge für irische Pilger in Würzburg, bevor 1139 Bischof Embricho das »Schottenkloster« St. Jakob gründete. Sein erster Abt wurde ein Ire, dessen Namen Makarius nach Kardinal O'Fiaich die latinisierte Form des irischen Namens McCarthy sein könnte. Bis 1497 war St. Jakob von Iren besiedelt; dem Kloster unterstand ein Benediktinerpriorat an der Südküste Irlands in Rosscarbery, das um 1218 gegründet wurde und regelmäßig junge Kleriker nach Würzburg schickte. Die Zeit der Reformation und des Dreißigjährigen Krieges, in Irland gefolgt von den Jahrhunderten der Unterdrückung der Katholiken, ließen diese Kontakte versiegen, wenn auch das Wissen um die alten Beziehungen lebendig blieb. Das kulturgeschichtliche Interesse des vergangenen Jahrhunderts belebte sie wieder: So verfaßte Johann Caspar Zeus auf der Grundlage der Würzburger irischen Handschriften seine Grammatik der altirischen Sprache.

Als Bischof Matthias Ehrenfried die Kilians-Wallfahrt belebte, erwachte auch das Interesse an der Heimat der Frankenapostel von neuem. Zur 1200-Jahr-Feier der Erhebung der Gebeine der Heiligen 1952 war Bischof Dr. Austin Quinn aus Cavan zu Gast. Er ist der Oberhirte der Diözese Kilmore, in der nach alter Volkstradition Kilian geboren sein soll. Immer wieder kamen Priester aus Irland, so 1973 der damalige Rektor des Priesterseminars Maynooth und spätere Erzbischof von Dublin, Kevin McNamara, der im März 1987 verstorben ist. Oder Seamus Hegarty, der Bischof von Raphoe, der als junger Priester in Eisingen aushalf. Unvergessen ist auch der erste Besuch des irischen Primas und Erzbischofs von Armagh, Kardinal Tomas O'Fiaich, zu Kiliani 1986.

Der Würzburger Diözesanpatron war auch der Anlaß für den Besuch zweier irischer Staatsoberhäupter: Im Oktober 1962 weilte Präsident Sean Lemass am Main, am 9. und 10. Februar 1977 konnten Stadt und Diözese Präsident Patrick Hillery begrüßen. Doch dies waren nur die »Highlights«, die öffentlich sichtbar machten, wie dicht das Beziehungsnetz schon geworden war: Nach dem Krieg schickten die selbst ums tägliche Brot kämpfenden Iren Lebensmittelpakete ins zerbombte Würzburg. Die besseren Reisemöglichkeiten ließen seit Mitte der fünfziger Jahre regelmäßigere Kontakte zu. Seit 1982 besteht eine Partnerschaft zwischen dem Würzburger Matthias-Grünewald-Gymnasium und der St.-Kilian's School in Bray, seit über zehn Jahren pflegt Kolping einen Jugendaustausch mit einem kirchlichen Jugendzentrum in Garron Point (bei Belfast).

Diese Kontakte zu intensivieren, hat sich auch die 1986 in Würzburg gegründete Deutsch-Irische Gesellschaft (DIG) zum Ziel gesetzt. Nach den Worten ihres Vorsitzenden Jürgen Gottschalk soll sie Informationen über Land und Kultur vermitteln und Kontakte zu in Franken lebenden Iren knüpfen. Konkrete Beiträge zum Kiliansjubiläum waren unter anderem die Einarbeitung englischsprachiger Informationen über die »irischen Spuren« in Würzburg und die Betreuung irischer Gäste. Vorläufiger Höhepunkt der Aktivitäten der DIG war das Kilianstreffen verschiedener Deutsch-Irisicher Gesellschaften aus der Bundesrepublik, verbunden mit dem Besuch des irischen Botschafters Kester W. Heaslip.

Wenn von fränkisch-irischen Beziehungen die Rede ist, darf eines Mannes nicht vergessen werden, der sie wie kein zweiter zu seinem Herzensanliegen gemacht hat: Der ehemalige Pfarrer von Goßmannsdorf, Adolf Maß, hat in den sechziger Jahren die Kontakte in die Heimat der Frankenapostel geknüpft und in Vorträgen und Artikeln versucht, das Wissen über die dortige Kilianstradition zu vermitteln. Gekrönt wurden seine Bemühungen von der ersten Diözesan-Pilgerfahrt nach Irland im Jahr 1973. Auf der zweiten Reise im August 1975 starb dieser Wegbereiter deutsch-irischer Freundschaft überraschend in Dublin. Sein größter Wunsch, eine irische Partnerstadt für Würzburg, blieb bis heute leider unerfüllt.

Nach zwölfjähriger Unterbrechung wurden im Juni 1987 auf Wunsch von Bischof Paul-Werner die Wallfahrten in die Heimat des heiligen Kilian wieder aufgenommen. Ihr Ziel ist, im Zeichen des Heiligen einen Austausch zwischen fränkischer und irischer Kirche zu initiieren. Es lag nahe, dort zu beginnen, wo es eine lebendige irische Kilians-Tradition gibt, in dem kleinen Ort Mullagh, rund 80 Kilometer nordwestlich der Hauptstadt Dublin. Der herzliche Empfang durch die Bevölkerung, die eindrucksvolle Eucharistiefeier in der Pfarrkirche St. Kilian, die verbindenden Worte des Generalvikars der Diözese Cavan, Msgr. Patrick J. McManus, und des Pfarrers von Mullagh, Patrick Morris, bestätigten: Auch die irischen Christen teilen das Anliegen,

die uralten Verbindungen neu zu vertiefen und für heutige Menschen lebendig zu machen.
Das Diözesan-Pilgerbüro veranstaltete auch 1988 und 1989 Wallfahrten nach Irland, wobei nicht nur Mullagh besucht, sondern auch mit der Pfarrei Tuosist im Südwesten der Insel Kontakte geknüpft wurden. Die dortige Pfarrkirche hat ebenfalls ein altes Kilians-Patrozinium. In der Nähe, in Kilmacalogue, stehen die Ruinen einer mittelalterlichen Kirche, die gemäß der Volkstradition dem Würzburger Diözesanpatron geweiht war. Diese Traditionen berichten auch, daß der heilige Kilian vom nahegelegenen Hafen Lauragh aus seine Reise angetreten haben soll.
Um Kontakte zwischen den Menschen aus Franken und Irland zu schaffen, hatte Kardinal O'Fiaich angeregt, über Partnerschaften, etwa auf der Ebene von Pfarreien, nachzudenken. Der Besuch einer Gruppe aus der Pfarrei Mullagh zum Kiliansjubiläum hat sicher dazu beigetragen, daß aus den Begegnungen über Sympathie und Gastfreundschaft hinaus Verbindungen wachsen, durch die sich die Christen beider Länder gegenseitig im Glauben aufrichten und zu neuen Aspekten des Glaubenslebens führen.

Das Jubiläumsjahr brachte auch einen Rekord, was Pilgerreisen aus der Diözese Würzburg in die Heimat des heiligen Kilian betrifft. Diese Pilgergruppe aus Arnstein, die sich um die Kiliansstatue vor der Kathedrale von Mullagh in der Grafschaft Cavan schart, war bereits die 21. Gruppe aus der Diözese Würzburg im Jubiläumsjahr (rechts oben).

Zu einer Klostersiedlung, die zwischen 500 und 600 von Mönchen errichtet wurde, gehören die Gotteshäuser von Oughtamama am Fuße des steinigen »Burren«. Auch an den Ruinen ist noch die einfache Hausform der Bauten erkennbar.

St. Kilian im Frankenland: Der Bildhauer Lothar Bühner schuf die Kiliansfigur, die im Sommer 1989 auf dem Kreuzberg in der Rhön aufgestellt wurde (Foto auf Seite 146).

Herzliche Verbindung zu Würzburg: Der irische Primas Tomás O'Fiaich

Dagmar Kolata

Seine Verbindung zum heiligen Kilian reicht zurück bis in die früheste Jugendzeit: »Ich war Mitglied des St.-Kilian-Fußballteams«, erinnert sich der irische Kardinal Tomás O'Fiaich und fügt schmunzelnd hinzu: »Allerdings hatte ich damals nicht die geringste Ahnung, wer das ist ...« Eine Bildungslücke, die er mit Eleganz geschlossen hat. Inzwischen sind wohl nur wenige so vertraut mit dem Leben des Heiligen, der, in Irland geboren und aufgewachsen, als Pilger nach Franken kam und dort bis zu seinem Tod das Wort Gottes verbreitete. Es ist verständlich, daß sich Kardinal O'Fiaich »gewaltig« über die Einladung von Bischof Paul-Werner gefreut hatte, am 2. Juli 1989 die Eucharistie zur Eröffnung der beiden Kiliani-Wallfahrtswochen im 1300. Jubiläumsjahr des Todes der Frankenapostel zu feiern.

In einer Zeit, in der durch die Europäische Gemeinschaft und andere Verbindungen der Brückenschlag zwischen Irland und der Bundesrepublik Deutschland vielerlei Gestalt angenommen hat, ist der Erzbischof von Armagh glücklich darüber, daß St. Kilian für einen spirituellen Brückenschlag und eine lebendige Wechselbeziehung zwischen beiden Ländern sorgt. Die Besuche von Gruppen aus dem Bistum Würzburg, vor allem des Diözesanpilgerbüros, die auf den Spuren des heiligen Kilian nach Irland kamen, haben, wie der Kardinal beteuert, auf der grünen Insel ein neues Bewußtsein für den Heiligen entstehen lassen. Der irische Primas ist stolz darauf, daß er mit einer großen Zahl irischer Pilger, die nun ihrerseits auf den Spuren Kilians nach Deutschland gewandelt sind, zu den Feierlichkeiten nach Würzburg kommen konnte.

Vor dreißig Jahren – 1960 – waren es ebenfalls irische Pilger, die Tomás O'Fiaich erstmalig für längere Zeit nach Würzburg brachte. Damals war er mit rund hundert Iren auf dem Weg zum Eucharistischen Kongreß in München. Die Gruppe beschloß, nicht nur München, sondern auch Orte, die mit irischen Heiligen in Zusammenhang stehen, zu besuchen. So führte sie ihr Weg alsbald nach Würzburg, wo sie im Kilianeum die Messe feierten. Die ersten Erinnerungen des Kardinals an Würzburg liegen noch weiter zurück. 1952, damals noch Student, bereiste er Deutschland

und »schaute auch mal in Würzburg vorbei«. Noch heute erinnert er sich lebhaft an die Erschütterung, die der Anblick der zerstörten deutschen Städte in ihm ausgelöst hat.
Seit 1960 hat der irische Primas eine kontinuierliche und herzliche Verbindung zu Würzburg entwickelt, und Würzburg zu ihm. Die Kette der gegenseitigen Treffen im Lauf der Jahre ist lang. Um nur einige zu nennen: Der Kardinal machte einen Film über Würzburg für »Radharc«, die Fernsehgesellschaft der katholischen Kirche in Irland. Der Direktor des Kilianeums und mit und nach ihm einige seiner Kollegen waren gern gesehene Gäste in Irlands bedeutendstem Priesterseminar Maynooth, dessen Leitung der Kardinal damals hatte. Tomás O'Fiaich reiste und reist oft und gern zur Wirkungsstätte seines vor 1300 Jahren verstorbenen Landsmanns, und zur Amtseinsetzung des Kardinals am 2. Oktober 1977 fehlte natürlich eine Abordnung aus Würzburg nicht. Auch als Primas von Irland versäumte er es nicht, die Wallfahrergruppen aus Franken zu treffen, wann immer es ihm möglich war: unter anderem die Gruppe des Diözesanpilgerbüros mit Bischof Paul-Werner im Mai 1988 in Kells.
»Es gibt gerade eine brandneue Dimension in der Beziehung zwischen Deutschland und Irland in Verbindung mit St. Kilian«, nimmt der Kardinal den Faden von vorher wieder auf und fügt nach einer verschmitzten Pause hinzu: »eine philatelistische!« Zum ersten Mal arbeiteten das deutsche und irische Postministerium zusammen: zum Todestag des Heiligen gaben beide die selbe Sondermarke heraus – eine Darstellung St. Kilians und seiner beiden Gefährten.
Kardinal O'Fiaich beging am 3. November 1988 seinen 65. Geburtstag. Der irische Primas sieht noch zwei gewaltige Aufgaben vor sich, ehe er an den Ruhestand denken kann und will: die Wiederherstellung des Friedens in Nordirland bleibt seine wichtigste, dringlichste und wohl auch schwierigste Aufgabe. Sich der Dimension seines Zieles bewußt, meint der Kardinal: »Viele haben hier erfolglos aufgeben müssen, aber ich hoffe und bete, daß dieses Ziel erreicht ist, bevor ich mich zur Ruhe setze«.
Und ein zweites bedeutendes Feld möchte er noch bearbeiten: die Probleme der irischen Jugend, die sich nicht nur mit Arbeitslosig-

Kardinal O'Fiaich predigte am 2. Juli 1989 im Würzburger Kiliansdom bei der Eucharistiefeier zur Eröffnung der Kiliani-Wallfahrtswochen.

keit und Auswanderung konfrontiert sieht, sondern auch in steigendem Maße den Glauben ihrer Väter verliert. »Hier müssen wir mehr tun als bisher«, sagt der Primas, der, so ungern er seine jungen Leute auswandern sieht – in steigenden Zahlen auch nach Deutschland –, doch der Tatsache ins Auge sehen muß, daß dieser Trend für die nächsten Jahre anhalten wird. Tomás O'Fiaich bemerkt dazu: »Wir müssen ihnen einen starken Glauben mitgeben, so daß sie als aktive Christen in die Länder gehen können, in denen sie ein neues Leben beginnen.« – Vielleicht ein wenig wie seinerzeit der heilige Kilian ...

Bischof Paul-Werner Scheele (links) und der irische Primas Kardinal O'Fiaich bei einer Pilgerreise von Katholiken aus dem Bistum Würzburg in die Heimat des heiligen Kilian.

Die Franken haben einen Freund verloren

Kurz vor Drucklegung dieses Bandes erreichte uns die Nachricht vom plötzlichen Tod des irischen Primas Tomás O'Fiaich. Der vitale und bis dahin kerngesunde Kardinal starb am 8. Mai 1990 im Alter von 66 Jahren während einer Pilgerfahrt nach Lourdes im Krankenhaus von Toulouse.
Im Bistum Würzburg wird Kardinal O'Fiaich unvergessen bleiben: Wer ihm einmal begegnete, war begeistert von seiner unkomplizierten Herzlichkeit, fröhlichen Offenheit und interessierten Gesprächsbereitschaft. Als Prediger bei der Eröffnung der Kiliani-Wallfahrtswochen 1989 und in zahlreichen persönlichen Begegnungen haben ihn viele Franken erlebt und schätzen gelernt.

R. I. P.

An die Verbundenheit zwischen Irland und der Diözese Würzburg erinnert seit dem Jubiläumsjahr ein irisches Hochkreuz im Hof des Kilianeums in Würzburg. Das 4,70 Meter hohe und sechs Tonnen schwere Kreuz ist ein Geschenk des irischen Volkes an die Diözese Würzburg.

Die Diözese Würzburg und ihr weltkirchliches Engagement

Basilius Doppelfeld OSB

Als das Zweite Vatikanische Konzil 1965 in seinem Missionsdekret »Zu den Völkern« und Papst Paul VI. 1975 in seiner Enzyklika »Über die Evangelisierung in der Welt von heute« von »Teilkirchen« und »Ortskirchen« sprachen, da bahnte sich ein neues Verständnis von Mission auch in weiteren Kreisen bei uns an. »Kirche«, das war nun nicht mehr nur das seit vielen Jahrhunderten bestehende Christentum in einem Land wie dem unsrigen. Den Namen Kirche im vollen Sinn des Wortes erhielten auch die jungen Gemeinden in aller Welt, die man bisher »Missionen« oder »Missionsgebiete« genannt hatte. Sie sind nicht mehr nur Anhängsel der »Heimatkirche«, sondern sind selbst Heimat von Christengemeinden und senden bereits Missionare in andere Länder aus.

Wir hier in Europa – in der Diözese Würzburg, wie in den anderen Bistümern auch – mußten umlernen und verstehen, was sich gewandelt hatte. Und dabei entdeckten wir, daß die Missionare, ob Patres, Schwestern oder Brüder, nicht nur Angehörige von Ordensgemeinschaften sind, sondern aus Gemeinden unserer Diözese stammen, dort verwurzelt sind und als »unsere Missionare« betrachtet werden. Zusammen mit den »neuen Missionaren«, den von der Diözese zum Dienst in jungen Kirchen freigestellten Priestern und den Entwicklungshelfern im Rahmen kirchlicher Projekte, bilden sie die wichtigste zwischenkirchliche Hilfe, denn sie stellen die lebendige Verbindung dar unter den Ortskirchen. 423 Schwestern, Patres, Brüder, Priester und Entwicklungshelfer aus dem Bistum Würzburg wirken außerhalb unserer Diözese, dreiviertel davon in außereuropäischen Ländern, besonders in Afrika, aber auch zahlreich in Lateinamerika und Asien. Eine stattliche Anzahl und auch die einzige Zahl, die hier genannt sei. An den Menschen, an der persönlichen Verbindung unter den Ortskirchen in der einen Weltkirche, wird am deutlichsten spürbar, wie sich Kirche heute verstehen muß: nicht mehr nur als eine Glaubensgemeinschaft, die »Missionen hat«, sondern die selbst, von ihrem Herrn und Auftrag her, »Mission ist«.

Ergänzt wird diese persönliche Verbindung unserer Diözese durch das Wirken der großen gesamtkirchlichen Missionswerke, die ja erst manche personelle Mitarbeit und Projekte ermöglichen. Hinzu kommt die durch viele einzelne und gemeinschaftliche Initiativen immer neu belebte und bestärkte materielle Unterstützung. Und ständig wachsen die persönlichen Verbindungen zwischen den Ortskirchen, zwischen einzelnen Gemeinden, Gruppen und Personen.

Wo immer Menschen verschiedener Völker, Kulturen und Traditionen sich begegnen im Glauben und Bekenntnis zu Jesus Christus als dem einzigen Herrn, bezeugen sie, daß das programmatische Wort des Konzils mehr und mehr Realität wird: »Die ganze Kirche ist ihrem Wesen nach missionarisch.« Ein Kennenlernen und Austauschen geschieht; Menschen finden zueinander und werden sensibler füreinander und ebenso für die gemeinsamen Aufgaben der einen Welt, die wir nicht in eine Erste, Zweite und Dritte aufteilen können.

Miteinander Christ sein, einander helfen und füreinander sorgen, dazu wollen alle diese Kontakte beitragen, ob sie nun von Gemeinden oder Gemeinschaften ausgehen, von Verbänden oder Gruppen. Meistens sind es »Patenschaften«, gezielte Hilfen für die anderen, deren Nöte man beseitigen oder wenigstens lindern möchte.

Aber es geht immer schon um mehr als nur um Spenden und Sammlungen, um Ausbildung und personellen Einsatz, wo einer afrikanischen Diözese ein Techniker, einem Krankenhaus ein Facharzt oder einer Gemeinde die Mittel zum Bau der Kirche fehlen. Diese Patenschaften sind bereits auf dem Sprung vom alten zum neuen Missionsverständnis. Denn wo Christen aus verschiedenen Ländern einander begegnen, kennenlernen und achten in ihrer je eigenen Art, da ist Mission nicht mehr nur das, was andere anderswo an unserer Stelle tun. Da wird Mission vielmehr zur konkret verwirklichten Verantwortung füreinander und miteinander, und damit zur Partnerschaft. Anschaulich gemacht wurde dieses neue Missionsverständnis auch durch die im Jubiläumsjahr gezeigte Ausstellung »Unsere Mission – Gemeinden, Gemeinschaften und ihre Missionare« im Kreuzgang des Würzburger Franziskanerklosters.

Die Missionswerke haben vor Jahren das Wort geprägt: »Mission ist keine Einbahnstraße«, und sie wollten damit sagen: Die einen sind nicht immer die Gebenden und die anderen nur die Empfangenden. Das ist ein gutes Bild; aber es verleitet leicht dazu, nach der »Gegenfahrbahn« zu fragen, danach also, was wir von den »jungen Kirchen« erhalten, und ob das denn auch vergleichbar ist mit dem, was wir geben.

Unter Partnern lautet die erste Frage nicht: Wie gleich sind wir? Wie halten wir die Unterschiede möglichst gering? Wie überbrükken wir, was gegensätzlich erscheinen könnte? Partnerschaft bedeutet eine Qualität des Miteinanderumgehens und des Aushaltens der je eigenen Individualität.

Partner sind sich bewußt, daß nicht der eine für den anderen sorgt, sondern sie sich miteinander sorgen,

- um die Weitergabe des Glaubens,
- um die Armen in der eigenen Gesellschaft,
- um die leiblichen, seelischen, geistigen und sozialen Nöte ihrer Nächsten,
- um ein menschenwürdiges Leben aller,
- um die Zukunft unserer Welt.

Kein Mensch, kein Volk, keine Kultur und Religion ist mehr nur Objekt unserer Hilfe, sondern immer auch Subjekt im gemeinsamen Glauben und in der Sendung zum Heil aller.

Aus Missionen, die früher eher Patenkindern glichen, und aus denen wir Heidenkinder gekauft haben, sind gleichberechtigte Ortskirchen geworden, die alle zusammen die eine Weltkirche bilden. Was jede dieser Ortskirchen beiträgt, hilft der ganzen Kirche, immer mehr zur Vollgestalt Christi zu gelangen.

Die Diözese Würzburg steht auf vielfältige Weise – vor allem durch ihre persönlichen Vertreter in anderen Ortskirchen – im Dienst der Weltkirche. Sie dient damit auch ihrem eigenen Kirche-Sein. Sie wird dadurch innerlich reicher, wie jeder, der gibt.

Fotos gegenüberliegende Seite:
Schwester Gaudiosa Dippert, geboren in Bad Königshofen, leitet in Emerad Hill/ Simbabwe eine Taubstummenschule und ein Waisenhaus (oben).
In Durazno/Uruguay arbeiten Pater Erich Fecher aus Niedernberg und Bruder August Jennemann aus Michelbach (unten).

Missionskräfte der Diözese Würzburg in der Weltkirche:
In insgesamt 47 Ländern wirken 423 Schwestern, Brüder, Patres, Priester, Entwicklungshelfer (Stand: 25. Januar 1989).

Europäisches Ausland mit USA/Kanada:
135 Missionskräfte
Italien
England
Frankreich
Israel
Niederlande
Norwegen
Österreich
Portugal
Schweden
Schweiz
Spanien

Südamerika:
65 Missionskräfte
1 Puerto Rico
2 Kolumbien
3 Bolivien
4 Peru
5 Chile
6 Brasilien
7 Argentinien
8 Uruguay
9 Paraguay

Afrika:
188 Missionskräfte
10 Algerien
11 Ghana
12 Namibia
13 Südafrikanische Republiken
14 Sambia
15 Mozambik
16 Simbabwe
17 Tansania
18 Uganda
19 Sudan
20 Kenia
21 Ägypten
22 Tschad
23 Zaire
24 Burkina Faso
25 Rep. de. Guinea

Asien/Ozeanien
35 Missionskräfte
26 Australien
27 Papua Neu Guinea
28 Indonesien
29 Philippinen
30 Indien
31 Nepal
32 Hong Kong
33 Korea
34 Japan

Das weltkirchliche Engagement der Diözese in seiner ganzen Vielfalt dokumentierte die Ausstellung »Unsere Mission – Gemeinden und ihre Missionare«. Bei der Eröffnung der Ausstellung im Kreuzgang der Franziskanerkirche (von links) Finanzdirektor Dr. Adolf Bauer, Abt Dr. Fidelis Ruppert OSB (Münsterschwarzach), Bischof Paul-Werner Scheele, Domkapitular Wilhelm Heinz, Regens Dr. Karl Hillenbrand und Schwester Dagmar Fasel von den Missionsdominikanerinnen in Neustadt am Main.

Das Jubiläumsjahr der Frankenapostel – was hat es aus der Sicht des Diözesanrates der Katholiken »bewegt«?

Engelbert Muth

Es wäre eine kaum zu lösende Aufgabe, in einem Kurzbeitrag versuchen zu wollen, alle bedeutsamen Impulse aufzuzählen und zu würdigen, die von den weitgefächerten Angeboten der Vorbereitungszeit und des Jubiläumsjahres auf die Laienarbeit in der Diözese Würzburg ausgegangen sind. Bei einer Würdigung darf zudem vom Leser nicht übersehen werden, daß Überlegungen zu Nachwirkungen von Geschichte gewordenen Ereignissen nie frei von subjektiven Empfindungen und persönlichen Beurteilungskriterien sind, daß also andere Beobachter und Beteiligte zu anderen Gewichtungen und Wertungen kommen können.

Berücksichtigt man diese Rahmenbedingungen, so möchte ich einen ersten positiven Impuls darin sehen, daß die Vorbereitungen auf die Ereignisse des Jubiläumsjahres 1989 zu einer Aktivierung der »mittleren Ebene«, also zu einem stärkeren Bekannt- und Wirksamwerden der Dekanate geführt haben. So wurde beispielsweise die Reliquienprozession mit den Häuptern der Frankenapostel und die damit verbundenen Gebetsstunden und Gottesdienste der einzelnen Pfarreien auf der Ebene der Dekanate koordiniert. Denen, die sie vorzubereiten und durchzuführen hatten, wurden seitens der Dekane und ihrer Mitarbeiter und der Vorstände der Dekanatsräte der Katholiken konkrete Hilfen angeboten, etwa in Form von ansprechend gestalteten und inhaltlich beachtenswerten Gedenk- und Informationsschriften. Die Gremien der Dekanate haben sich auch in die Vorbereitung des großen Katholikentreffens eingebracht und zum Teil erheblich dazu beigetragen, daß die Beteiligung beim Treffen so erfreulich hoch war. Weiterhin waren die Vorsitzenden der Dekanatsräte bemüht, ein für das jeweilige Dekanat typisches Geschenk als Gabe für den Opfergang beim Katholikentreffen auszuwählen und zu beschaffen.

Schon diese wenigen Hinweise zeigen, daß die Dekanate ihre »Umsetzer«-Funktion zwischen Diözesan- und Pfarrebene deutlicher erkennbar machen konnten und damit bewirkt haben, daß heute ihre Aufgaben von den Pfarreien klarer gesehen werden.

Ein zweiter Anstoß: Die Diözese Würzburg hat sich im Jubiläumsjahr bei mehreren Gelegenheiten als Ortskirche erlebt. Ei-

ner der herausragenden Anlässe war zweifellos das Katholikentreffen im DJK-Stadion in Würzburg am 16. Juli zum Abschluß der Kiliani-Doppeloktav. Rund 16000 Teilnehmer, vom Baby bis zur Urgroßmutter, waren gekommen und feierten zusammen mit ihrem Bischof und zahlreichen Gästen unter dem Leitwort »Ihr seid das Licht der Welt« ein großes Fest mit einem Festgottesdienst, einem Fest der Begegnung und einer festlichen Stunde.
Dieses Katholikentreffen hat unter anderem bezeugt, daß sich Katholiken auch heute aus ihrem Glauben heraus begeistern lassen, daß Tausende von Menschen sich in geschwisterlicher Gemeinschaft begegnen können, und daß es das fränkische Volk nach wie vor versteht, Feste zu feiern. Es sollte daher nicht wiederum 38 Jahre dauern – so weit liegen die unterfränkischen Katholikentage zurück, die in gewisser Weise als die Vorgänger für das Katholikentreffen 1989 angesehen werden können –, bis wieder zu einem ähnlichen Fest eingeladen wird.
Auf dem Katholikentreffen haben – und damit sei ein weiterer Anstoß des Jubiläumsjahres angesprochen – neben vielen anderen Angeboten 34 Gruppen, Vereine, Verbände, Organisationen und Sachausschüsse des Diözesanrates die Möglichkeit aufgegriffen, sich den Teilnehmern auf besonders einprägsame Art und Weise vorzustellen. Der hierzu eigens aufgebaute Informations-Markt gab aber nicht nur denen, die sich mit einem informativen Stand beteiligten, Gelegenheit, auf Schwerpunkte des eigenen Programms und der eigenen Arbeit hinzuweisen, sondern die Informierenden erhielten aus den Gesprächen mit den Teilnehmern des Katholikentreffens selbst manche wertvolle Anregung für künftige Aufgabenstellungen.
Wie bereits erwähnt, wurden bei der Gabenprozession des Katholikentreffens Geschenke zur Altarinsel gebracht, die typisch für das jeweils spendende Dekanat sein sollten. Die Gaben sollten jedoch zugleich auch eine gezielte Hilfeleistung für die Diözese Mbinga in Tansania darstellen. Kleider, Kinderbettchen, Korbwaren, Fischernetz, Leichtmotorrad und Gabelstapler sind hierfür Beispiele. Als Bischof Emmanuel Mapunda von Mbinga und unser Bischof Paul-Werner am 29. Oktober 1989 beim Abschluß des Festjahres eine Partnerschaftsurkunde für ihre beiden Diözesen unterschrieben, waren die meisten dieser Geschenke bereits nach Afrika unterwegs. Stellvertretend für diese wurden Bischof Emmanuel jedoch noch zwei Gaben persönlich überreicht, ein geschnitztes Holzkreuz und der Grundstein für eine Kathedrale und ein Diözesanzentrum in Mbinga.
Dies war ein vierter Impuls des Festjahres: Die Öffnung der Diözese Würzburg hin zur direkten Mitsorge und zur Partnerschaft mit den »jungen« Kirchen in den bisherigen Missionsländern. Daß dieser Anstoß aufgenommen wurde, hatte auch schon das Ergebnis der Kollekte des Katholikentreffens signalisiert, bei der über 21000 DM für die Partnerdiözese Mbinga gespendet wurden.
Ein weiterer Impuls war es aus meiner Sicht, daß die Frühjahrs-Vollversammlung des Diözesanrates im Jubiläumsjahr 1989 im Rahmen des diözesanen Jahresthemas »miteinander missionieren« sich den vielschichtigen Fragen und Problemen der Pastoral an wiederverheirateten Geschiedenen gestellt hat, einem mit Ängsten und Hoffnungen befrachteten Thema. Dieser Impuls wurde inzwischen von der Dekane-Konferenz und von weiteren diözesanen Gremien aufgenommen und weiter vorangebracht.
Abschließend kann man sagen, daß die katholische Laienbewegung in der Diözese Würzburg, wie sie sich in den katholischen Verbänden, Bewegungen und Gruppen und daneben in den Gremien Pfarrgemeinderat, Dekanatsrat und Diözesanrat manifestiert, im Zusammenhang mit den Feiern des Jubiläumsjahres an Bekanntheit und Wirkkraft weiter gewonnen hat. Dies war in besonderem Maße beim Katholikentreffen, aber ebenso bei den Kundgebungen zur Eröffnung und zum Abschluß des Jubiläumsjahres und bei zahlreichen anderen Anlässen zu spüren. Im Verlauf der Vorbereitungen für die einzelnen Veranstaltungen des Festjahres hat sich zudem gezeigt, daß das Miteinander von Priestern und Laien, von Haupt- und Ehrenamtlichen in unserer Diözese inzwischen der Normalfall ist. Darüber sollten wir uns alle freuen.

»Ihr seid das Licht der Welt« war das Motto des Katholikentreffens, zu dem am 16. Juli 1989 rund 16 000 Menschen ins Würzburger DJK-Stadion gekommen waren.

Die Gaben, die Vertreter der einzelnen Dekanate zur Gabenbereitung bei der Eucharistiefeier während des Katholikentreffens zum Altar brachten, wie hier ein Gabelstapler, waren für die Partnerdiözese Mbinga in Tansania bestimmt, wie auch die Kollekte von rund 21 000 Mark.

Nichts für Leute von heute? Die Jugend und das Kiliansjubiläum

Martin Schwab

Sie mußten sich erst aneinander gewöhnen, die Jugendlichen und die Kiliansreliquien. Keineswegs auf Begeisterung, eher auf Ablehnung stieß mancher Pfarrer, als er die Jugendlichen seiner Pfarrei bat oder drängte, eine Gebetsstunde im Rahmen der Verehrung zu gestalten. Unbefangen fragten die Jugendlichen nach dem Sinn der Reliquienreise durch die Diözese. Zwischen den Fronten fühlte sich so mancher Pfarrjugendleiter und erst recht mancher Hauptamtliche: die meisten Jugendlichen interessierte das Ganze wenig, aber Pfarrer, Dekan und Bischof erwarteten eine Beteiligung.

Trotz dieser nicht glücklichen Ausgangsposition setzten sich in der ganzen Diözese Jugendgruppen und Verbände kreativ auf eigene Art mit den Kiliansreliquien auseinander. Ob beim selbst komponierten Musikspiel oder bei Gebetsnächten, Kindernachmittagen oder Konzerten – überall stand im Mittelpunkt die Frage, was die Frankenapostel uns heute noch zu sagen haben. Auf einen Nenner gebracht lautete die Antwort: die Reliquien sind eine ständige Herausforderung, eine geistliche Provokation zu lebendigerem Christentum. Folgende Beispiele sollen das verdeutlichen. Die Auswahl ist weder vollständig noch repräsentativ. Sie gibt in Schlaglichtern eine Ahnung von der Bandbreite jugendlicher Auseinandersetzung mit den Frankenaposteln:

Die Nacht der Jugend in St. Michael/Aschaffenburg prägte das Musikspiel »Kilian, Kolonat und Totnan«. Den Autoren Günter Berninger, Albrecht Baume und Burkhard Vogt ging es darum, aus dem damaligen Geschehen Impulse für die heutige Zeit aufzuzeigen. »Auch heute haben wir wieder eine Missionierungswelle nötig«, stellten sie fest. Pantomimedarstellungen, Sprechtexte, Instrumentalstücke und Chorgesänge, mit großem Engagement einstudiert, trafen bei den rund 200 Jugendlichen den richtigen Ton. So hieß es beispielsweise zum Thema unterwegs sein: »Zwar gibt es Wegbegleiter, Wasserquellen, Rastplätze und Haltestellen: gute Freunde, die zur Seite stehen. Doch gilt es einen eigenen Weg zu finden und sich nirgends festzubinden, immer neu beginnen – weitergehen.« Ein mitternächtlicher Jugendgottesdienst krönte die gelungene Veranstaltung. Vorbereitet hatten sie

Jugendliche der Aschaffenburger Dekanate Ost und Stadt sowie der Pfarrei St. Michael.
Zur Spurensuche fordert eine Arbeitshilfe des Bischöflichen Jugendamtes, Außenstelle Aschaffenburg, auf. Sie wurde auch von der Regionalstelle für kirchliche Jugendarbeit im Landkreis Miltenberg übernommen. Es ging den Autoren – Hauptamtlichen des Dekanats Aschaffenburg Stadt – darum, Spuren der Frankenapostel im eigenen Leben zu suchen. Die Arbeitshilfe enthält eine Vielzahl von Texten, Liedern und Gedichten, die den Ruf Gottes in der heutigen Zeit Jugendlichen nahebringen wollen. Daneben finden sich auch Sachinformationen über das Leben der Frankenapostel. Gegliedert ist sie in Themenkreise, die den Bildern des neuen Kiliansschreines entsprechen.
Unter dem Motto »HAUPTsache KNOCHENarbeit« trafen sich Jugendliche des Bundes der Deutschen Katholischen Jugend (BDKJ) aus dem Landkreis Miltenberg, um sich mit den Reliquien zu beschäftigen. In vier Arbeitskreisen sprachen die Teilnehmer über die Themen »Reliquienverehrung wozu«, »Berufung«, »Tod und Leben« und »Unterwegs sein«. In der Reliquiengruppe dachten die Jugendlichen beispielsweise über ihre »eigenen Reliquien«, über das was ihnen heilig ist, nach.
Intensiv beschäftigte sich die Katholische Junge Gemeinde (KJG) auf Diözesanebene mit dem Motto des Kiliansjahres »Miteinander missionieren«. Drei Männer und eine Frau des tansanischen katholischen Jugendverbandes Uvikanjo waren in die Diözese Würzburg gekommen, um Partnerschaft lebendig werden zu lassen. Sie bereisten das Bistum und nahmen am Katholikentreffen im Würzburger DJK-Stadion teil. Missionierung ist eine gegenseitige Angelegenheit; auch das zeigte dieser Besuch. So fragten beispielsweise die tansanischen Jugendvertreter fassungslos: »Warum werden bei euch die Alten abgeschoben, warum pflegen sie ihre Kinder nicht?« Auch an der Abschlußveranstaltung des Jubiläums am Weltmissionssonntag in der Carl-Diem-Halle beteiligte sich die KJG. Der Gesprächskreis »Hinschauen statt Herabschauen: Partnerschaften in der einen Welt« verdeutlichte: Partnerschaft darf keine Einbahnstraße sein.
Verantwortet durch das Dekanat Schweinfurt Stadt gab es in der Pfarrei St. Kilian einen großen Kilianstag. Vormittags waren die Kinder dran. Mit Requisiten konnten sie im Theaterspiel Kilian im Gespräch mit Schweinfurter Marktfrauen darstellen, den Meuchelmord im Nebel tanzen, ein großes Schiff mit Figuren aus Styropor basteln oder mit Orffinstrumenten eine Kilianspantomime musikalisch untermalen. Als Belohnung gab es für jeden eine Tonplakette, die Kilian und seine Gefährten auf der Überfahrt zeigte.
Abends brach die Zeit der Jugend an. Auftakt war ein ökumenischer Gottesdienst. Provokativ fragte Kaplan Clemens Bieber in seiner Predigt: »Wieviel in unserem Glauben ist eigentlich noch Mumiendienst, ehrfürchtige Pflege einer vergangenen Gestalt?« Er forderte die Jugendlichen dazu auf, sich von der Begeisterung der irischen Missionare anstecken und so die Reliquien wieder lebendig werden zu lassen. Es folgte das »Festival zum Schrein«. Die Bands Minoritas (Heilig Geist), Maranatha (St. Peter und Paul), Good News (St. Kilian) und Utopia (Mariä Geburt/Hambach) begeisterten rund 300 Jugendliche. Liturgische Tänze, Dias und Texte befaßten sich mit dem Reliquienschrein.
In Gerolzhofen waren sich der Sachausschuß Jugend, Landjugend, Georgspfadfinder und KJG einig: die Reliquien Heiliger sind für viele Jugendliche etwas Abstraktes, zu dem sie keinen so rechten Bezug finden können. Deswegen sollte in einer liturgischen Nacht ein jugendgemäßer Zugang gefunden werden. Als Thema wählte die Vorbereitungsgruppe »Berufung«. Die Jugendlichen beschäftigten sich mit der Berufung der ersten Jünger Jesu sowie Kilians und seiner Gefährten. Die gewonnenen Impulse setzten sie praktisch um: sie bastelten einen Schrein, auf dem in zehn Bildern gezeigt wurde, wie junge Menschen im Alltag in kleinen Schritten Zeugnis gelebten Glaubens geben können. Die liturgische Nacht mündete in eine Eucharistiefeier, die noch einmal den Ruf Gottes an jeden Menschen der heutigen Zeit verdeutlichte.

Selten findet man so viele junge Menschen im Würzburger Dom wie beim »Tag der Jugend« während der Kiliani-Wallfahrtswochen. Einigen von ihnen sind die Strapazen der vorangegangenen Nachtwallfahrt deutlich anzusehen (Foto rechte Seite).

Als »Bischof zum Anfassen« erwies sich Jugendbischof Franz Kamphaus aus Limburg. Nach der Eucharistiefeier stand er den Jugendlichen Rede und Antwort.

Den Glauben anschaulich machen – Das Jubiläum in der diözesanen Medienarbeit

Berthold Lutz

Auch in der Kirche geschieht Medienarbeit nicht mit dem Zauberstab; sie führt nichts Neues herbei, aber sie vermag Wichtiges zu verdeutlichen und gegenwärtig zu halten. Im Zusammenhang mit der 1300-Jahr-Feier waren der diözesanen Medienarbeit über ihren alltäglichen Dienst hinaus vor allem vier Aufgaben gestellt:

□ Es war auf mediengerechte Weise erlebbar zu machen, daß der »Blick zurück« den »Blick ringsum und nach vorn« provoziert. Nicht »früher einmal« wird in der Kirche isoliert großgeschrieben, sondern immer auch »heute und morgen«. Der Diözesanbischof selbst hatte das unterstrichen, als er sagte: »Geschichte ist nicht das, was vergangen ist, sondern etwas, das eine neue Form der Gegenwärtigkeit gefunden hat.« Und weiter: »Das Fest der Frankenmissionare ist nicht als Versuch mühsamer historischer Erinnerung über die Kluft von dreizehn Jahrhunderten hinweg zu verstehen, vielmehr wird Kiliani gefeiert, weil Bekehrung und Begegnung – Brennpunkte im Leben der drei irischen Mönche – auch für uns bedeutsam sind.« Bedeutsam jedoch auch für die nach uns! Denn was wir heute tun oder unterlassen, ist Mitgift oder Hypothek für die Künftigen. »Wie wir unseren Glauben leben, was wir tun, um ihn weiterzugeben, entscheidet mit über das Geschick der kommenden Generation.« Alles Bemühen also, den Anfang der Diözese besser in den Blick zu rücken, mußte darauf hinauslaufen, einen unverbrauchten Anfang heute zu ermöglichen. Beispielsweise war mediengemäß mitzuhelfen, daß alte Übungen wie die Reliquienprozessionen neu – und das kann nur heißen: zeitgerecht – ausgerichtet werden konnten.

□ Mit Hilfe der Medien war auch deutlich zu machen, daß es sich bei *Kiliani* um kein binnenkirchliches Ereignis handelt. Auch in einem diözesangeschichtlichen Rückblick feiern wir nicht uns, sondern Gott – diesen Gott, der selbst Gemeinschaft ist und Gemeinschaft will. Als Christen wissen wir nicht nur um die bleibende Gegenwart des Herrn in seiner Kirche, sondern auch um unsere stets neue Sendung zu den Mitmenschen. Es ging also nicht isoliert um »die Kirche«, sondern mit um »die Menschen«. Demgemäß hatten nicht nur Krankengottesdienste, Begegnungen von Zielgruppen und Einladungen außerdiözesaner Gäste, sondern auch schon die Leitworte der Vorbereitungsjahre, die alle das »Miteinander« betonten, ihren besonderen Stellenwert. Eben dieses Miteinander sollte zum Rahmen werden für die Sichtbarmachung lebendiger religiöser Überzeugung und damit für die Anschaulichkeit des Glaubens überhaupt. In der Vorbereitungszeit und während des Festjahres selbst verstärkte sich der Eindruck, daß religiöse Symbole und Bräuche, erst recht wenn man behutsam an sie heranführt, ihre besondere Kraft und Ausstrahlung in unserer so sehr auf Medien ausgerichteten Zeit zurückgewinnen.

□ Es galt, durch eine Vielzahl von Veröffentlichungen dem Mißverständnis zu begegnen, es handle sich vordergründig um glanzvolle Selbstdarstellung, sozusagen um bestellten Jubel inmitten einer Welt voll bedrückender Probleme! Selbstverständlich wird auch eine Festzeit nicht ausgespart von der täglichen Konfrontation mit dem Unheilen in seiner Vielgestaltigkeit. Resignation läßt sich jedoch nicht rechtfertigen, sobald wir dem Unheilen vom Glauben und vom Geist her begegnen. Auch in dieser Sicht war das Kiliansjubiläum weit mehr pastorale Herausforderung als historisches Ereignis. Publizistisch ging es dabei vor allem um jene Hoffnungsarbeit, die dem biblischen Anspruch genügt: »Laßt euch nicht erschrecken, sondern haltet in eurem Herzen Christus, den Herrn, heilig! Seid stets bereit, jedem Rede und Antwort zu stehen, der nach der Hoffnung fragt, die euch erfüllt« (1 Petr 3,14 f). Dieser biblische Maßstab war anzulegen, wo die Erinnerungen an die Anfangszeit des Glaubens verlebendigt und persönliche Zugänge zur Verehrung der Frankenapostel erleichtert werden sollten. Ziel konnte nur sein, sie als Vorbilder und Fürsprecher auf unserem Glaubensweg zu wissen und mit ihnen als Freunden Gottes und Freunden der Menschen eine Gemeinschaft der Zuversicht zu bilden, die das Lob des dreifaltigen Gottes feiert.

□ Aufgabe diözesaner Medienarbeit war es schließlich, die Einheit in Vielfalt zu dokumentieren. Von der Diözesanleitung wurden nur die Schwerpunkte ernannt, denn »eine Zielvorgabe formulieren, heißt Aktivitäten anregen und bündeln, heißt aber natürlich nie, daß der einzelne dispensiert wäre, selber für seine Gemeinde zu denken« (Bischof Paul-Werner). Weil also Freiraum zur persönlichen und gemeindlichen Aneignung und Entfaltung gegeben war, kam es an der Basis zu Aktivitäten in sympathischer Bandbreite. Dabei entschied über das Gelingen nicht die Finanzkraft, sondern der Reichtum an innerer Mitfreude und Begeisterung, an Spontaneität und Phantasie. So wurde auf den unterschiedlichsten Ebenen kirchlichen Lebens deutlich, daß »Tradition nicht ein Weiterreichen des Immergleichen ist, sondern etwas Lebendiges, Weiterdrängendes« (Hans Urs von Balthasar). Über aller Vielfalt durfte jedoch nicht die gemeinsame Richtung außer Blick geraten. Mit einem neuen Slogan und Signet versuchte das Medienreferat der Diözese das Ziel unaustauschbar anzuzeigen: »Mit Christus – in der Kirche – Richtung 2000«.
Dieses neue Signet, das an die Überfahrt der Frankenapostel und an den Seesturm des Evangeliums denken läßt, weist darüber hinaus ganz allgemein in die Zukunft. Ein Fest der Diözese wird auch daran gemessen, was es bewirkt, und die Bitte an Gott, daß sein Reich komme, schließt auf seiten der Beter die Bereitschaft ein, sich in neue Aufgaben schicken zu lassen – auch wenn Gegenwind die Wellen hochschlagen läßt. »Unbeweglichkeit«, so ist in der »Regel von Taizé« nachzulesen, »ist für die Schwestern und Brüder, die unterwegs sind zu Christus, Ungehorsam.« Doch der, auf den hin wir uns in der Nachfolge mühen, ist zugleich unser treuer Begleiter – auch diese Aussage gehört zum Ganzen unseres Glaubens und muß in kirchlichen Medien immer wieder neu aktualisiert werden.

Das Kreuz Christi ist in unserem Signet zum Bischofsstab weitergezeichnet: »Die an die Stelle der Apostel als Hirten der Seele treten« (II. Vatikanum: Über die Hirtenaufgabe der Bischöfe), haben auch den Dienst an der Einheit zu leisten. Wir sind ja nicht nur als einzelne unterwegs, sondern auch als Familie, Gemeinde, Gemeinschaft – als Volk Gottes an diesem Ort in dieser Zeit. Ohne Einheit leidet die Glaubwürdigkeit unseres Zeugnisses. Das vierfache »Miteinander« – miteinander glauben, helfen, feiern und missionieren – bleibt deshalb Aufgabe über die 1300-Jahr-Feier des Martyriums unserer Frankenapostel hinaus. Auch dazu signalisiert unser Zeichen Ermutigung: Selbst die stürmischste Welle reicht nicht höher als das Siegeszeichen Jesu Christi, das Kreuz.

Wandzeitungen, Plakate, Broschüren, Programme, Gebetstexte ...; vielfältig fand das Jubiläum seinen Niederschlag in der diözesanen Medienarbeit.

Der vom Medienreferat jeweils mit aktuellen Themen gestaltete Pavillon vor dem Burkardushaus in Würzburg machte deutlich, daß es bei der 1300-Jahr-Feier nicht um ein nostalgisches Zurückblicken, sondern um die Orientierung für die Zukunft ging. Davon überzeugten sich auch Kardinal Tomás O'Fiaich (links) und Kardinal Adrian Simonis aus Utrecht.

Sie kommen wieder

Berthold Lutz

Wer einem anderen helfen will, daß dessen Leben gelingt, tut gut daran, ihm einen Durchblick zu verschaffen, der die Sinnfrage erhellt, und ihm Vorbilder zu geben, die zu begeistern vermögen.
Was unsereiner leicht unter der Hand verliert, haben die Heiligen – auch sie nicht ohne Anstrengung – in den Griff bekommen: die Wirklichkeit, die ganze Wirklichkeit, also einschließlich der Welt hinter den sich auflösenden Schleiern des Sichtbaren. Diese neue, umfassende Sicht gehört zum Geschenk, das die Frankenapostel den Menschen vor dreizehnhundert Jahren und dann herauf bis zu uns Heutigen gemacht haben.
Unschlüssiger vielleicht als frühere Generationen stehen wir zwischen den beiden Möglichkeiten: ungehemmte Entfaltung aller Sehnsüchte und Süchte auf der einen, schöpferische Einordnung in eine zeitlos lebenspendende Ordnung auf der anderen Seite. Für die erste Entscheidung bieten sich Scheingrößen in Menge an; links und rechts der zweiten Zielvorstellung stehen die Heiligen.
Eine Zeit, die die Heiligen grundsätzlich zurückweist, scheint mit dem Unsichtbaren nichts anfangen zu können. Eine Welt ohne Himmel aber wird zum Verzweifeln eng!
Die Frankenheiligen machen deutlich, daß Lebensqualität nicht von Besitz und Genuß, ja nicht einmal von Sicherheit abhängt, und daß Lebensbewältigung mit Dienst, Hingabe, Stellvertretung und, quer durch alles, mit Liebe zu tun hat. Das sind große Worte, gewiß, doch die Heiligen erklären sie weniger durch Erörterungen als durch die Tat ihres Lebens, wobei es nicht auf die außerordentliche Tat ankommt, sondern darauf, daß das Gewöhnliche außerordentlich gut getan wird.
Damit werden die Heiligen zu einem Ausweis für die Kirche: Es läßt sich an ihnen die Ehrfurcht vor der Kirche sicherstellen, wenn die menschliche Seite der Kirche uns zu verwirren droht. In den Heiligen erleben wir Kirche als Heilsgemeinschaft und damit als Hüterin der Offenbarung und des Reichtums an Gnade.
Es würde uns schwerfallen, die Kirche als göttliche Stiftung an-

Enthauptung der Heiligen Kilian, Kolonat und Totnan, Passionale aus Hirsau, 1125–1150.

zunehmen, wenn das biblische Bild vom Weinstock und den Reben nicht wenigstens vereinzelt nachweisbare Wirklichkeit würde, eben in den Heiligen. Sie vorzüglich sind es, die das Allzumenschliche als Beweis gegen den in der Kirche fortlebenden Herrn entkräftigen: Nur unter Anstrengung können wir uns in das Volk Gottes integrieren, aber wir können es, nämlich mit der Gnade – die Heiligen haben es bewiesen. Und sie haben bewiesen: Heiligkeit ebnet nicht ein, Heiligkeit überhöht!
Auch die Ortskirche, die auf die Missionierung und das Martyrium eines Kilian, Kolonat und Totnan zurückgeht, ist keine Traumkirche. Weder damals noch heute können Funktion und Erfolg ihre Wesensmerkmale sein. Weil Menschen mithineingenommen sind, bleibt die Kirche zu jeder Zeit hinter dem Maß Christi zurück. Aber weil Christus in der Kirche lebt, ist sie nicht nur die Kirche der Schwachen und Sünder, »mit denen sich Christus durch seinen Tod identifiziert hat« (Kardinal Höffner), sondern auch die Kirche derer, die aus Schwachheit durch die Gnade zur Vollendung gelangten.
Neben der Stetigkeit im Glauben und Beten ist also die Existenz der ungezählten Heiligen für uns ein Aufscheinen der Christuserfülltheit der Kirche. Sie haben sich frei und bewußt ganz Gott überlassen und für den Nächsten hingegeben und sich dabei im Auftrag und in der Begleitung der Kirche gewußt.
Selbst gegen eine Verwässerung der Lehre stehen die Heiligen auf: Mit ihrem Leben und Sterben entlarven sie die Verlautbarung von der »Nettigkeit Gottes« als gefährlichen Irrtum. Wir dürfen, lehrt ihr Leben, vertrautesten Umgang mit Gott unserem Vater haben, aber der Gütige läßt sich nicht als der Gutmütige entwürdigen.
Christliche Existenz – die Heiligen zeigen: »In dem Maße einer die Wahrheit liebt, in dem Maße wird er auch um sie leiden« (Reinhold Schneider). Die »lange dunkle Nacht des Glaubensweges« (Julius Döpfner), die wir so schmerzlich erfahren, war gewiß auch Anteil der Frankenapostel. Wir können uns ja kaum vorstellen, daß sie das aufziehende Unheil nicht spürten. Vor ihnen wie vor so vielen anderen Heiligen lag also zumindest stellenweise Wüste, aber – und dazu verlocken sie uns – sie gingen unentwegt weiter.
Diese wahrhaft Großen tragen jedoch auch unvergängliche Freude durch unsere Vergänglichkeit: Freude als das untrügliche Zeichen der nie mehr endenden Herrlichkeit Christi. Hierin nicht weniger sind uns die Frankenapostel Vorbild, wird ihr Leben für uns Kraft zum Zeugnis.

Es ist nicht verwunderlich, daß die Heiligen in unserer Zeit in vielen Lebensbereichen zunehmend Heimrecht erhalten, und daß die einer Verbindung mit ihnen unterstellte Zweckmäßigkeit sich als echte Verbrüderung erweist. Und daß diese Verbrüderung in Lebenskrisen zugewonnene Kraft bedeutet! Kurzum: vieles deutet (wie der evangelische Autor Walter Nigg formulierte) darauf hin: »Die Heiligen kommen wieder.«

Ausschnitt aus dem Kiliansfenster in Münnerstadt, um 1420.

Autorenverzeichnis

Prof. Dr. Paul-Werner Scheele, Bischof von Würzburg

Wolfgang Bullin, Dipl.-Theologe, stellv. Chefredakteur des Würzburger Katholischen Sonntagsblattes

P. Dr. Basilius Doppelfeld, Missionsprokurator der Missionsbenediktiner von Münsterschwarzach

Dr. Hans Dünninger, Lehrbeauftragter für Volkskunde an der Universität Würzburg

Msgr. Franz Fleckenstein, ehem. Direktor der Fachakademie Katholische Kirchenmusik in Regensburg

Franz-Ludwig Ganz, Geschäftsführer im Medienreferat der Diözese Würzburg

Erik Soder von Güldenstubbe, Dipl.-Theologe, Archivar am Diözesanarchiv Würzburg

Werner Häußner, Leiter der Bischöflichen Pressestelle der Diözese Würzburg

Domkapitular Prälat Wilhelm Heinz, Leiter des Seelsorgereferats und Beauftragter für Mission, Entwicklung und Frieden der Diözese Würzburg

Dr. Norbert Kandler, Archivrat am Diözesanarchiv Würzburg

Dagmar Kolata, Journalistin und Beauftragte für Öffentlichkeitsarbeit im irischen Wallfahrtsort Knock

Prälat Berthold Lutz, Leiter des Medienreferats der Diözese Würzburg

Dr. Engelbert Muth, Vorsitzender des Diözesanrats der Katholiken im Bistum Würzburg

Dr. Hanswernfried Muth, Direktor des Mainfränkischen Museums in Würzburg

Alfred Rost, Pfarrer von St. Gertraud in Würzburg

Martin Schwab, Dipl.-Theologe, Journalist

Prof. DDr. Klaus Wittstadt, Ordinarius für Fränkische Kirchengeschichte und Kirchengeschichte der Neuesten Zeit an der Universität Würzburg, Vorsitzender des Diözesangeschichtsvereins Würzburg.

Bildnachweis

Hans Heer: sämtl. Fotos des Umschlags und der Umschlagrückseite; 12, 23, 24, 38, 42, 45, 46, 54, 59 (unten), 60, 64, 66, 67, 68 (beide Abb.), 69, 70 (oben), 71, alle Abb. d. Seiten 72, 73, 74, 75, 76 (rechts oben u. rechts unten), 77 (unten), alle Abb. d. Seiten 78, 79, 81, 82, 83, 84, 85, 86, 87, 88, 89, 90, 91 (oben u. unten links), 97, 98, 101, 102, 104, 106, 107, alle Abb. d. Seiten 114, 115, 116, 117, 118, 119, 148, 149, 150, 154, 157, 158, 161, 162, 166.
Sonntagsblatt-Archiv: 16, 27, 30, 31, 32, 34, 35, 37, 41, 44, 49, 50, 51, 52, 53, 59 (oben links u. rechts), 108, 109, 145 (oben).
Elmar Hahn: 103, 128, 129, 131, 132, sämtl. Abb. d. Seiten 133, 134, 136, 137, 138, 139, 140, 141.
Werner Häußner: 11, 15, 22, 111, 145 (unten).
Theresia Ruppert: 70 (unten).
Dr. Norbert Kandler: 124, 125, 126.
Gerhard Heinrichs: 56.
Josef Pretscher: 77 (oben).
Klaus Veeh: 152.
Br. Karl-Heinz Geyer: 20.
Wolfgang Bullin: 146.
Zwicker-Berberich: 28.
Franz- Ludwig Ganz: 91 (unten rechts), 142, 165.
Archiv d. Medienreferats/KBA: 168, 169.